NE 능률

기본 연산 Check-Book

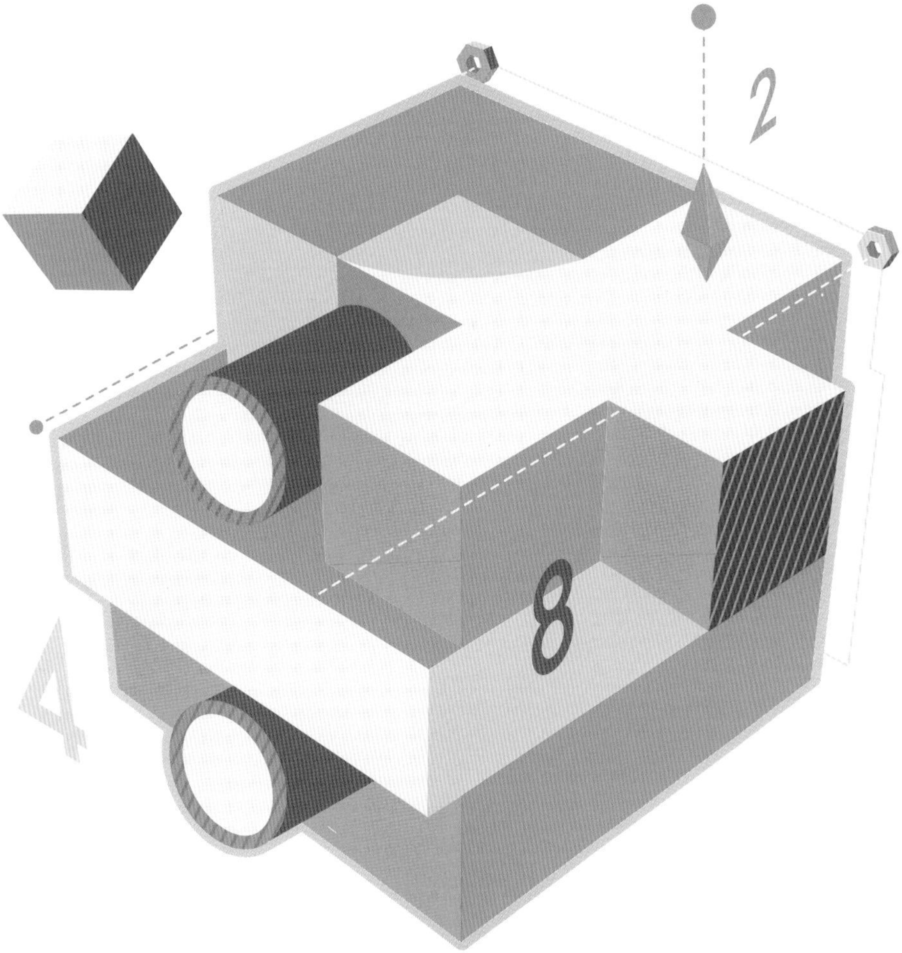

초등 [illegible]호

혼합 계산

1주 덧·뺄셈 혼합 계산

❶ 17+6+9=□

❷ 24−7−9=□

❸ 25−4+7=□

❹ 35+7−12=□

❺ 41+9+8=□

❻ 36−12−11=□

❼ 18−9+12=□

❽ 23+15−9=□

자르는 선

월 일

⑨ $17+(12-6)=\square$

⑩ $32-(7+6)=\square$

⑪ $32-(12-4)=\square$

⑫ $9+(8+6)=\square$

⑬ $24-(8+6)=\square$

⑭ $19-(12-5)=\square$

⑮ $31-(15+4)=\square$

⑯ $27-(19-10)=\square$

자르는 선

2주 곱·나눗셈 혼합 계산

❶ $7 \times 3 \times 2 =$ ☐

❷ $24 \div 3 \div 2 =$ ☐

❸ $32 \div 4 \times 9 =$ ☐

❹ $16 \times 3 \div 4 =$ ☐

❺ $6 \times 2 \times 7 =$ ☐

❻ $36 \div 4 \div 3 =$ ☐

❼ $63 \div 9 \times 4 =$ ☐

❽ $9 \times 8 \div 6 =$ ☐

자르는 선

월 일

⑨ $6 \times (36 \div 4) = \square$

⑩ $56 \div (2 \times 4) = \square$

⑪ $72 \div (12 \div 4) = \square$

⑫ $9 \times (3 \times 3) = \square$

⑬ $24 \div (6 \times 2) = \square$

⑭ $64 \div (16 \div 4) = \square$

⑮ $50 \div (2 \times 5) = \square$

⑯ $54 \div (18 \div 3) = \square$

자르는 선

3주 덧·뺄·곱셈 혼합 계산

❶ $5 \times 7 + 13 = \square$

❷ $8 \times 7 - 24 = \square$

❸ $8 + 3 \times 4 = \square$

❹ $24 - 3 \times 7 = \square$

❺ $6 \times 4 + 15 = \square$

❻ $9 \times 9 - 21 = \square$

❼ $17 + 6 \times 5 = \square$

❽ $50 - 7 \times 6 = \square$

자르는 선

월 일

⑨ $8\times(4+7)=\square$

⑩ $6\times(12-3)=\square$

⑪ $(9+3)\times5=\square$

⑫ $(15-6)\times3=\square$

⑬ $7\times(9+3)=\square$

⑭ $4\times(21-12)=\square$

⑮ $(8+7)\times4=\square$

⑯ $(21-14)\times9=\square$

자르는 선

4주 덧·뺄·나눗셈 혼합 계산

❶ $24 \div 8 + 7 = \square$

❷ $32 \div 2 - 7 = \square$

❸ $16 + 24 \div 6 = \square$

❹ $34 - 45 \div 9 = \square$

❺ $72 \div 6 + 9 = \square$

❻ $81 \div 9 - 5 = \square$

❼ $15 + 33 \div 3 = \square$

❽ $30 - 84 \div 7 = \square$

자르는 선

❾ $72 \div (7+5) = \square$

❿ $56 \div (12-4) = \square$

⓫ $(13+20) \div 11 = \square$

⓬ $(47-9) \div 2 = \square$

⓭ $52 \div (4+9) = \square$

⓮ $42 \div (21-18) = \square$

⓯ $(30+21) \div 3 = \square$

⓰ $(53-8) \div 15 = \square$

자르는 선

5주 덧·뺄·곱·나눗셈 혼합 계산

❶ $3\times2+(12-3)\div3=$ □

❷ $3\times(4+2)\div2-1=$ □

❸ $14\div7\times2-3+2=$ □

❹ $(7+3)\div2\times3-6=$ □

❺ $(18-3)\div5+4\times3=$ □

❻ $15\div5+2\times(6-1)=$ □

❼ $15-12\div4\times3+4=$ □

❽ $6+2\times4-21\div3=$ □

자르는 선

월 일

⑨ $3+20\times5-8\div4=$ □

⑩ $(12-4)\div2+3\times3=$ □

⑪ $16\div(10-2)\div2+3=$ □

⑫ $10-(3+1)\times3\div2=$ □

⑬ $(8+4)\div6\times2-1=$ □

⑭ $5\times3+72\div8-5=$ □

⑮ $18\div2\times3-10+5=$ □

⑯ $3\times3+25\div(7-2)=$ □

자르는 선

6주 여러 가지 혼합 계산

❶ $8+7+6=\square$

❷ $42-11-7=\square$

❸ $32-(9+6)=\square$

❹ $26+(18-9)=\square$

❺ $18+3-9+12=\square$

❻ $43-15+9+16=\square$

❼ $5\times2\times3=\square$

❽ $24\div8\div3=\square$

❾ $7\times(12\div6)=\square$

❿ $36\div(3\times2)=\square$

⓫ $8\times4\div2\times3=\square$

⓬ $25\div5\times8\div4=\square$

⓭ $22+8\times2=\square$

⓮ $6\times7-24=\square$

⓯ $7\times3-(12-4)=\square$

⓰ $11+(8-6)\times3=\square$

⓱ $32-2\times4+5=\square$

⓲ $23+3\times5-15=\square$

자르는 선

월 일

⑲ $2\times7-24\div6+4=\square$

⑳ $15+3\times2-8\div4=\square$

㉑ $(12+6)\div6\times3-4=\square$

㉒ $25+15\div3\times2-4=\square$

㉓ $34\div2\times3-15+3=\square$

㉔ $24-12\div2\times3+5=\square$

㉕ $24\div(4+2)-2\times2=\square$

㉖ $15+13-14\div7\times3=\square$

㉗ $45\div(3+6)\times2-10=\square$

㉘ $12\div4+(15-6)\times5=\square$

㉙ $32-(7+2)\times2\div3=\square$

자르는 선

7주 연산 퍼즐

❶

$1\times(1-1)=\square$

$1\times1\div1=\square$

$1+1\times1=\square$

$1+1+1=\square$

❷

$2\times(2-2)=\square$

$2-2\div2=\square$

$2\times(2\div2)=\square$

$2+(2\div2)=\square$

$2+2+2=\square$

$2\times2\times2=\square$

❸

$(3-3)\times3=\square$

$3-3\div3=\square$

$3\times(3\div3)=\square$

$3+3\div3=\square$

$3\times3-3=\square$

$3+3+3=\square$

❹

$(4-4)\times4=\square$

$(4+4)\div4=\square$

$4-4\div4=\square$

$4+4-4=\square$

$4+4\div4=\square$

자르는 선

월 일

❺

$(5-5)\times 5=\square$

$(5+5)\div 5=\square$

$5-(5\div 5)=\square$

$5\times 5\div 5=\square$

$5+(5\div 5)=\square$

❻

$(6-6)\times 6=\square$

$(6+6)\div 6=\square$

$6-6\div 6=\square$

$6+6-6=\square$

$6+6\div 6=\square$

❼

$7\times(7-7)=\square$

$(7+7)\div 7=\square$

$7-7\div 7=\square$

$7\times 7\div 7=\square$

$7+(7\div 7)=\square$

❽

$(8-8)\times 8=\square$

$(8+8)\div 8=\square$

$8-8\div 8=\square$

$8+8-8=\square$

$8+(8\div 8)=\square$

자르는 선

8주 괄호가 있는 혼합 계산

❶ $12 \div \{2 \times (4 \div 2)\} = \square$

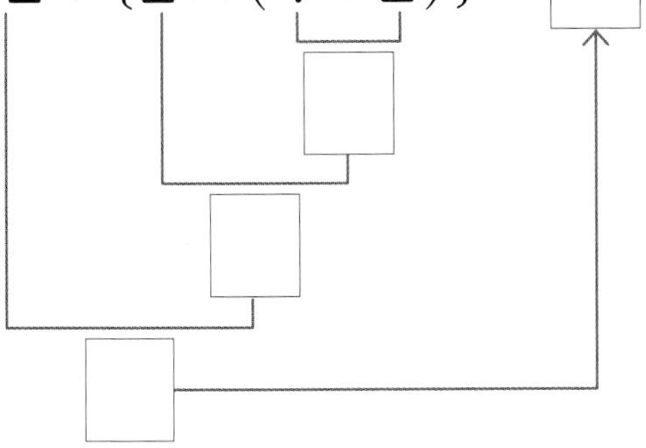

❷ $7 \times \{(15 - 3) \div 4\} = \square$

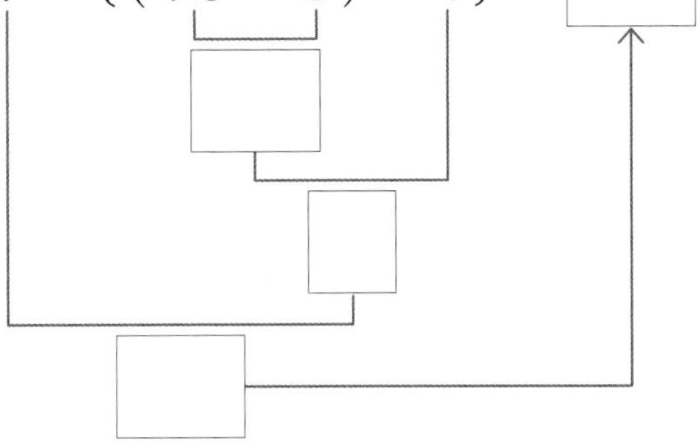

❸ $\{9 - (3 + 2)\} \div 2 = \square$

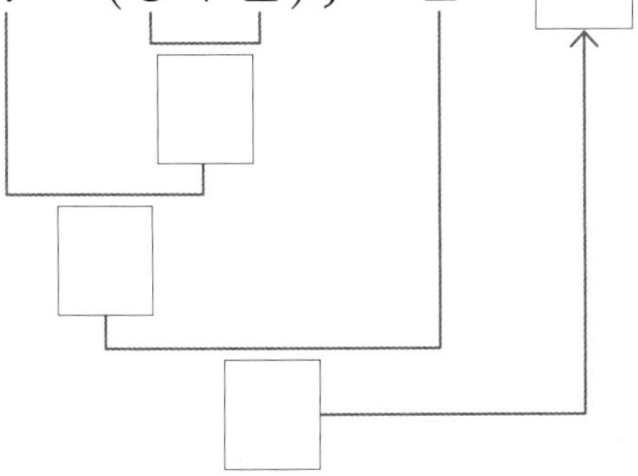

❹ $\{26 \div (6 + 7)\} \times 4 = \square$

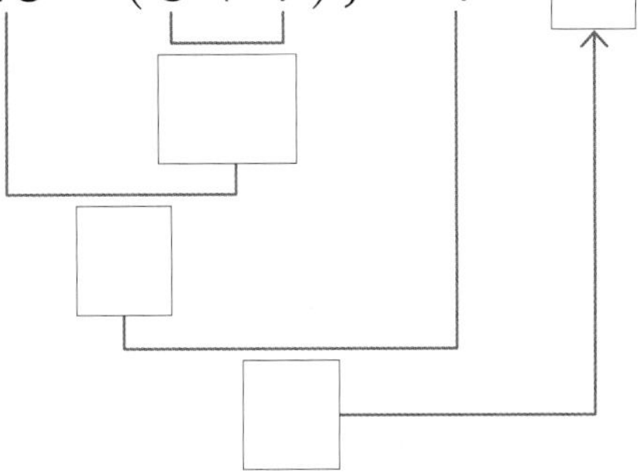

❺ $32 \div \{8 \div (12 \div 3)\} = \square$

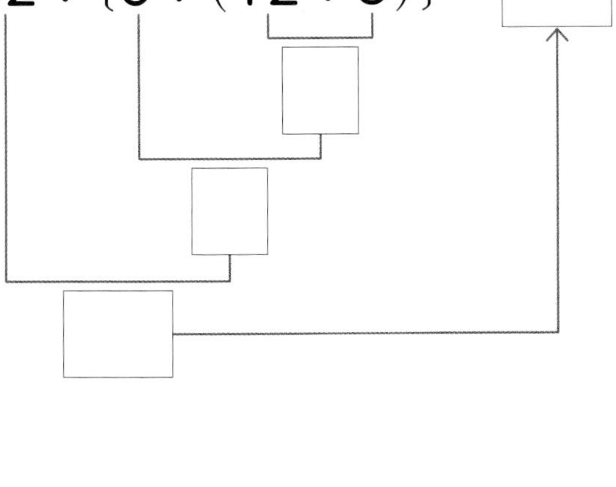

자르는 선

❻ $24 \div \{3 \times (5-3)\} + 3 \times (4+2) = \square$

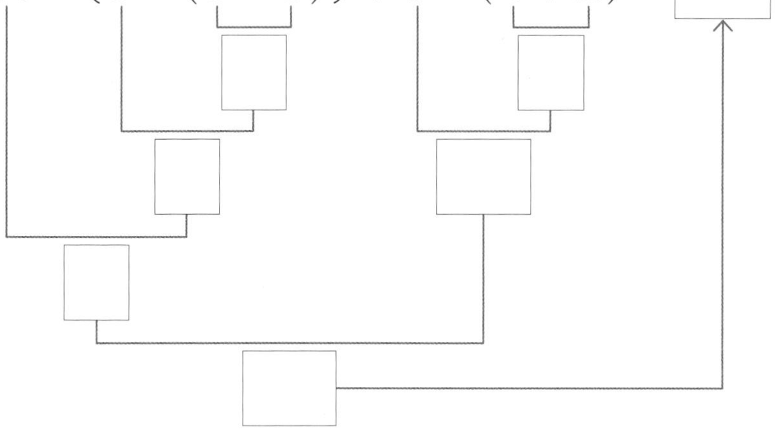

❼ $\{3 + (9-4) \times 3\} \div 6 + (12 \div 6) \times 3 = \square$

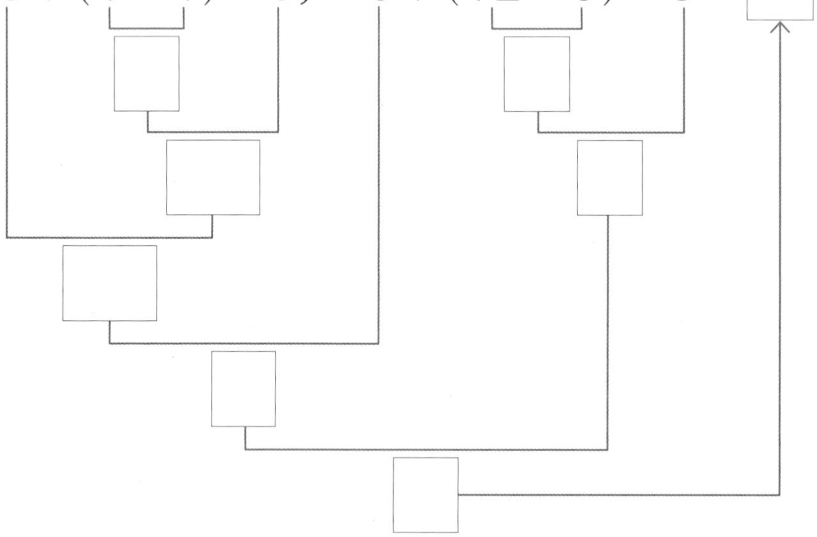

자르는 선

정 답

1주 덧·뺄셈 혼합 계산 1~2쪽

❶ 23, 32, 32 ❷ 17, 8, 8 ❸ 21, 28, 28 ❹ 42, 30, 30 ❺ 50, 58, 58 ❻ 24, 13, 13
❼ 9, 21, 21 ❽ 38, 29, 29 ❾ 6, 23, 23 ❿ 13, 19, 19 ⓫ 8, 24, 24 ⓬ 14, 23, 23
⓭ 14, 10, 10 ⓮ 7, 12, 12 ⓯ 19, 12, 12 ⓰ 9, 18, 18

2주 곱·나눗셈 혼합 계산 3~4쪽

❶ 21, 42, 42 ❷ 8, 4, 4 ❸ 8, 72, 72 ❹ 48, 12, 12 ❺ 12, 84, 84 ❻ 9, 3, 3
❼ 7, 28, 28 ❽ 72, 12, 12 ❾ 9, 54, 54 ❿ 8, 7, 7 ⓫ 3, 24, 24 ⓬ 9, 81, 81
⓭ 12, 2, 2 ⓮ 4, 16, 16 ⓯ 10, 5, 5 ⓰ 6, 9, 9

3주 덧·뺄·곱셈 혼합 계산 5~6쪽

❶ 35, 48, 48 ❷ 56, 32, 32 ❸ 12, 20, 20 ❹ 21, 3, 3 ❺ 24, 39, 39 ❻ 81, 60, 60
❼ 30, 47, 47 ❽ 42, 8, 8 ❾ 11, 88, 88 ❿ 9, 54, 54 ⓫ 12, 60, 60 ⓬ 9, 27, 27
⓭ 12, 84, 84 ⓮ 9, 36, 36 ⓯ 15, 60, 60 ⓰ 7, 63, 63

4주 덧·뺄·나눗셈 혼합 계산 7~8쪽

❶ 3, 10, 10 ❷ 16, 9, 9 ❸ 4, 20, 20 ❹ 5, 29, 29 ❺ 12, 21, 21 ❻ 9, 4, 4
❼ 11, 26, 26 ❽ 12, 18, 18 ❾ 12, 6, 6 ❿ 8, 7, 7 ⓫ 33, 3, 3 ⓬ 38, 19, 19
⓭ 13, 4, 4 ⓮ 3, 14, 14 ⓯ 51, 17, 17 ⓰ 45, 3, 3

5주 덧·뺄·곱·나눗셈 혼합 계산 9~10쪽

❶ 9 ❷ 8 ❸ 3 ❹ 9 ❺ 15 ❻ 13 ❼ 10 ❽ 7 ❾ 101 ❿ 13 ⓫ 4 ⓬ 4
⓭ 3 ⓮ 19 ⓯ 22 ⓰ 14

6주 여러 가지 혼합 계산 11~12쪽

❶ 21 ❷ 24 ❸ 17 ❹ 35 ❺ 24 ❻ 53 ❼ 30 ❽ 1 ❾ 14 ❿ 6 ⓫ 48 ⓬ 10
⓭ 38 ⓮ 18 ⓯ 13 ⓰ 17 ⓱ 29 ⓲ 23 ⓳ 14 ⓴ 19 ㉑ 5 ㉒ 31 ㉓ 39 ㉔ 11
㉕ 0 ㉖ 22 ㉗ 0 ㉘ 48 ㉙ 26

7주 연산 퍼즐 13~14쪽

❶ 0, 1, 2, 3 ❷ 0, 1, 2, 3, 6, 8 ❸ 0, 2, 3, 4, 6, 9 ❹ 0, 2, 3, 4, 5
❺ 0, 2, 4, 5, 6 ❻ 0, 2, 5, 6, 7 ❼ 0, 2, 6, 7, 8 ❽ 0, 2, 7, 8, 9

8주 괄호가 있는 혼합 계산 15~16쪽

❶ 2, 4, 3, 3 ❷ 12, 3, 21, 21 ❸ 5, 4, 2, 2 ❹ 13, 2, 8, 8 ❺ 4, 2, 16, 16
❻ (2, 6, 4), (6, 18), 22, 22 ❼ (5, 15, 18, 3), (2, 6), 9, 9

사고셈

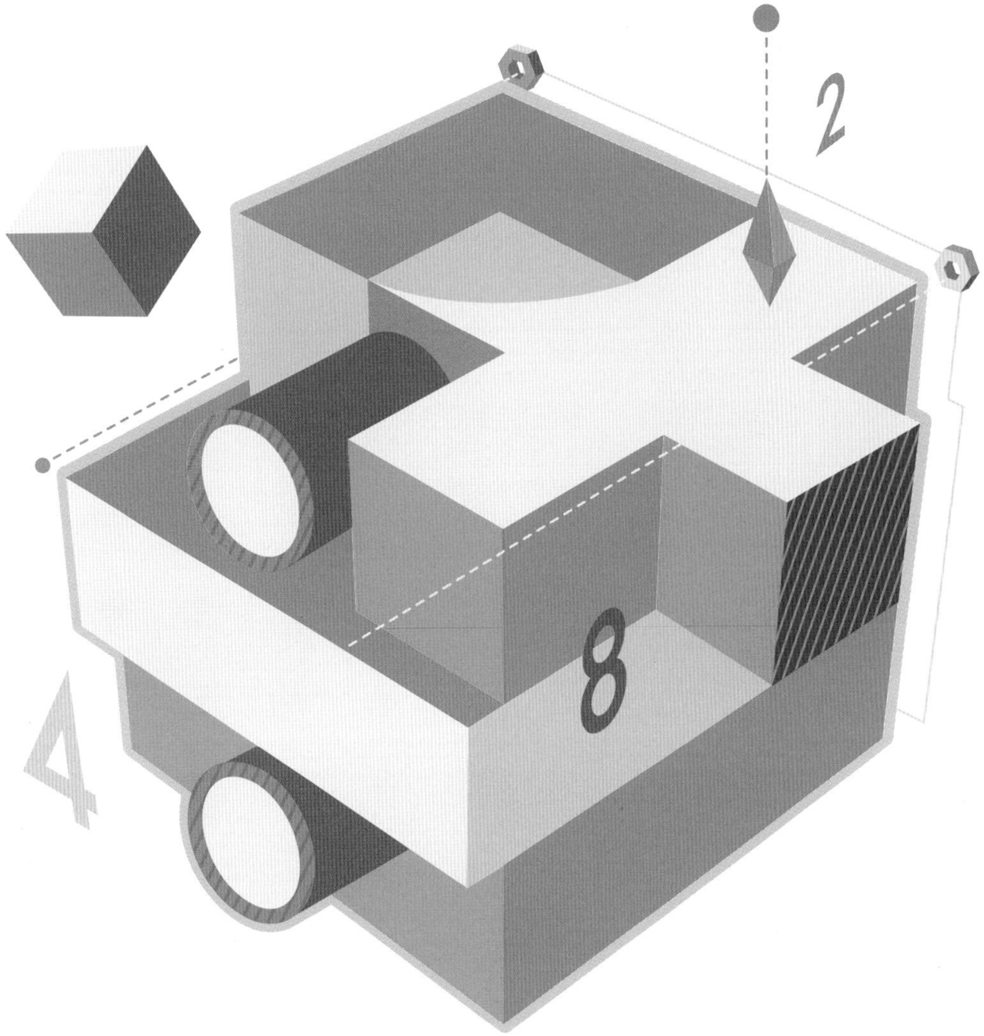

초등4 2호

이 책의 구성과 특징

생각의 힘을 키우는 사고(思考)셈은 1주 4개, 8주 32개의 사고력 유형 학습을 통해 수와 연산에 대한 개념의 응용력(추론 및 문제해결능력)을 키울 수 있도록 하였습니다.

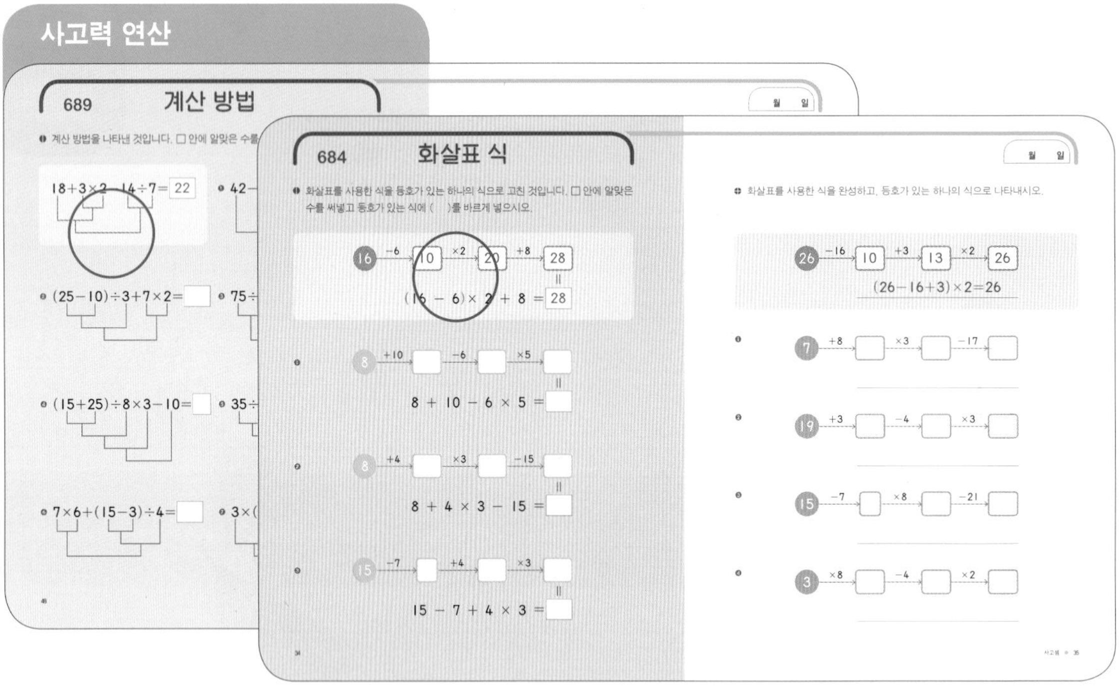

- 대표 사고력 유형으로 연산 원리를 쉽게쉽게
- 1~4일차: 다양한 유형의 주 진도 학습

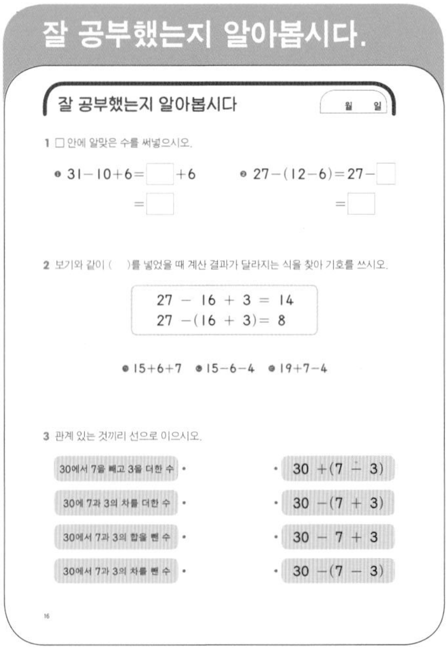

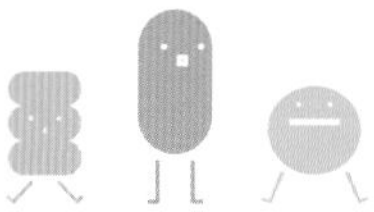

- 5일차 점검 학습: 주 진도 학습 확인

○ 권두부록 (기본연산 Check-Book)

기본연산 Check-Book

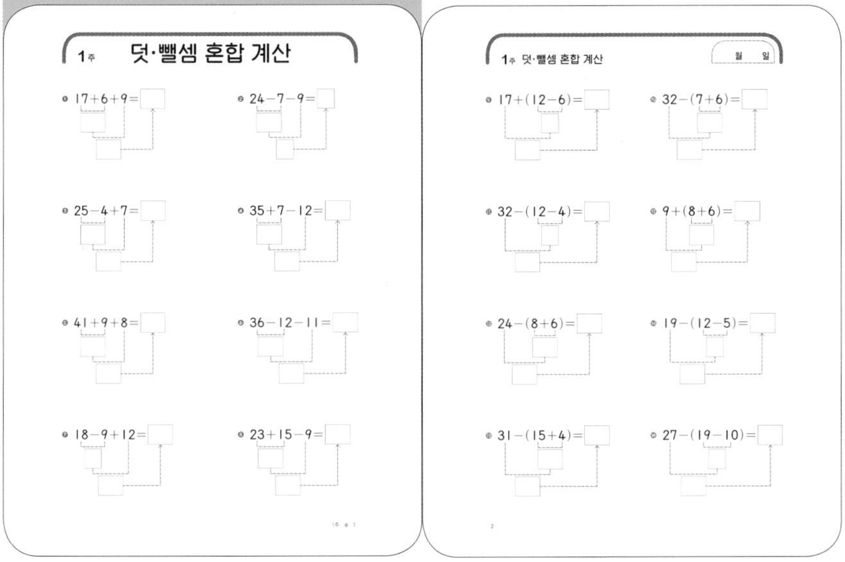

1주 덧·뺄셈 혼합 계산

❶ 17+6+9=
❷ 24−7−9=
❸ 25−4+7=
❹ 35+7−12=
❺ 41+9+8=
❻ 36−12−11=
❼ 18−9+12=
❽ 23+15−9=

1주 덧·뺄셈 혼합 계산 월 일

❶ 17+(12−6)=
❷ 32−(7+6)=
❸ 32−(12−4)=
❹ 9+(8+6)=
❺ 24−(8+6)=
❻ 19−(12−5)=
❼ 31−(15+4)=
❽ 27−(19−10)=

◈ 본 학습 전 기본연산 실력 진단

○ 권말부록 (G-Book)

Guide Book(정답 및 해설)

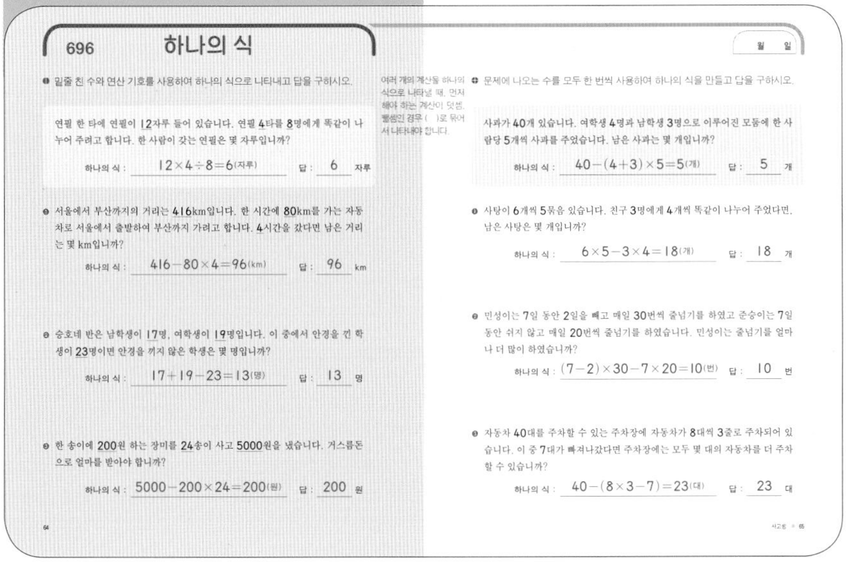

696 하나의 식

❶ 밑줄 친 수와 연산 기호를 사용하여 하나의 식으로 나타내고 답을 구하시오.

연필 한 타에 연필이 12자루 들어 있습니다. 연필 4타를 8명에게 똑같이 나누어 주려고 합니다. 한 사람이 갖는 연필은 몇 자루입니까?

하나의 식 : 12×4÷8=6(자루) 답 : 6 자루

❸ 서울에서 부산까지의 거리는 416km입니다. 한 시간에 80km를 가는 자동차로 서울에서 출발하여 부산까지 가려고 합니다. 4시간을 갔다면 남은 거리는 몇 km입니까?

하나의 식 : 416−80×4=96(km) 답 : 96 km

❷ 승호네 반은 남학생이 17명, 여학생이 19명입니다. 이 중에서 안경을 낀 학생이 23명이면 안경을 끼지 않은 학생은 몇 명입니까?

하나의 식 : 17+19−23=13(명) 답 : 13 명

❸ 한 송이에 200원 하는 장미를 24송이 사고 5000원을 냈습니다. 거스름돈으로 얼마를 받아야 합니까?

하나의 식 : 5000−200×24=200(원) 답 : 200 원

여러 개의 계산을 하나의 식으로 나타낼 때, 먼저 해야 하는 계산이 덧셈, 뺄셈인 경우 ( )로 묶어서 나타내야 합니다.

월 일

◈ 문제에 나오는 수를 모두 한 번씩 사용하여 하나의 식을 만들고 답을 구하시오.

사과가 40개 있습니다. 여학생 4명과 남학생 3명으로 이루어진 모둠에 한 사람당 5개씩 사과를 주었습니다. 남은 사과는 몇 개입니까?

하나의 식 : 40−(4+3)×5=5(개) 답 : 5 개

❶ 사탕이 6개씩 5묶음 있습니다. 친구 3명에게 4개씩 똑같이 나누어 주었다면, 남은 사탕은 몇 개입니까?

하나의 식 : 6×5−3×4=18(개) 답 : 18 개

❷ 민성이는 7일 동안 2일을 빼고 매일 30번씩 줄넘기를 하였고 준승이는 7일 동안 쉬지 않고 매일 20번씩 줄넘기를 하였습니다. 민성이는 줄넘기를 얼마나 더 많이 하였습니까?

하나의 식 : (7−2)×30−7×20=10(번) 답 : 10 번

❸ 자동차 40대를 주차할 수 있는 주차장에 자동차가 8대씩 3줄로 주차되어 있습니다. 이 중 7대가 빠져나갔다면 주차장에는 모두 몇 대의 자동차를 더 주차할 수 있습니까?

하나의 식 : 40−(8×3−7)=23(대) 답 : 23 대

64 사고력 ◦ 65

◈ 문제와 답을 한 눈에!

◈ 상세한 풀이와 친절한 해설, 답

학습 효과 및 활용법

학습 효과

- 수학적 사고력 향상
- 생각의 다양성 향상
- 스스로 생각을 만드는 직관 학습
- 추론능력, 문제해결력 향상
- 연산의 원리 이해
- 수·연산 영역 완벽 대비
- 다양한 유형으로 수 조작력 향상
- 진도 학습 및 점검 학습으로 연산 학습 완성

사고셈

주차별 활용법

1단계
기본연산 Check-Book으로 준비 학습

→

2단계
사고력 유형으로 진도 학습

→

3단계
마무리 문제로 점검 학습

1단계 : 기본연산 Check-Book으로 사고력 연산을 위한 준비 학습을 합니다.
2단계 : 사고력 유형으로 사고력 연산의 진도 학습을 합니다.
3단계 : 한 주마다 점검 학습(잘 공부했는지 알아봅시다)으로 사고력 향상을 확인합니다.

학습 구성

6세

1호	10까지의 수
2호	더하기 빼기 1과 2
3호	합이 9까지인 덧셈
4호	한 자리 수의 뺄셈과 세 수의 계산

7세

1호	한 자리 수의 덧셈과 뺄셈
2호	10 만들기
3호	50까지의 수
4호	더하기 빼기 1과 2, 10과 20

초등 1

1호	덧셈구구
2호	뺄셈구구와 덧셈, 뺄셈 혼합
3호	100까지의 수, 1000까지의 수
4호	받아올림, 받아내림 없는 두 자리 수의 계산

초등 2

1호	두 자리 수와 한 자리 수의 덧셈과 뺄셈
2호	두 자리 수의 덧셈과 뺄셈
3호	곱셈구구
4호	곱셈과 나눗셈 구구

초등 3

1호	세·네 자리 수의 덧셈과 뺄셈
2호	분수와 소수의 기초
3호	두 자리 수의 곱셈과 나눗셈
4호	분수

초등 4

1호	분수의 덧셈과 뺄셈
2호	혼합 계산
3호	소수의 덧셈과 뺄셈
4호	어림하기

이 책의 **학습 로드맵**

START
시작

1주
덧 • 뺄셈 혼합 계산

2주
곱 • 나눗셈 혼합 계산

3주
덧 • 뺄 • 곱셈 혼합 계산

4주
덧 • 뺄 • 나눗셈 혼합 계산

5주
덧 • 뺄 • 곱 • 나눗셈
혼합 계산

6주
여러 가지
혼합 계산

7주
연산 퍼즐

8주
괄호가 있는 혼합 계산

GOAL
완성

1 덧·뺄셈 혼합 계산

673 순서대로 계산하기

◐ □ 안에 알맞은 수를 써넣으시오.

$27-(6+9)=\boxed{12}$

$6+9=\boxed{15}$, $27-15=\boxed{12}$

❶ $63-8+11=\square$

❷ $24+8-13=\square$

❸ $27-(16-7)=\square$

❹ $32+8+11=\square$

❺ $32-13-11=\square$

❻ $29-(12+9)=\square$

❼ $18-(12-9)=\square$

◆ 계산 순서를 나타내고 계산하시오.

$36-(18-12)+4=34$

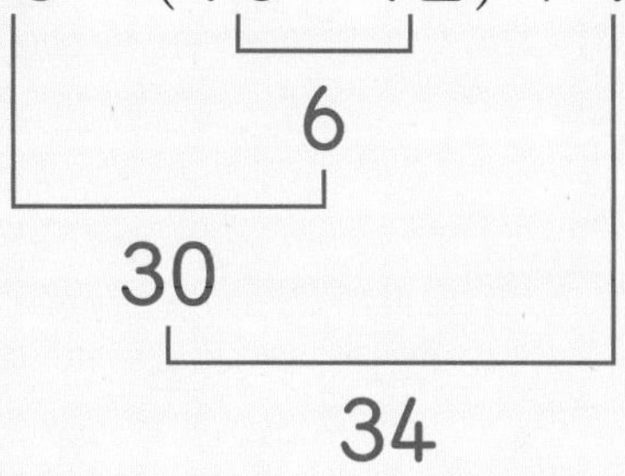

❶ $26+9-(13+4)$

❷ $18+3-12+24$

❸ $36-24+9+15$

❹ $25-(13-7)+4$

❺ $19+17-(15-4)$

❻ $16+8-11+5$

❼ $31-(9-3)+6$

674 식 세워 계산하기

◐ 문장에 맞게 식을 세운 것입니다. □ 안에 알맞은 수를 써넣고 계산하시오.

24에서 7과 3의 합을 뺀 수 $\boxed{24}-(\boxed{7}+\boxed{3})=\boxed{14}$

❶ 15에 7을 더하고 6을 뺀 수 $\square+\square-\square=\square$

❷ 21과 7의 차에 15를 더한 수 $\square-\square+\square=\square$

❸ 18에서 12와 9의 차를 뺀 수 $\square-(\square-\square)=\square$

❹ 28에서 12를 빼고 7을 더한 수 $\square-\square+\square=\square$

❺ 25에서 11과 5의 합을 뺀 수 $\square-(\square+\square)=\square$

❻ 42에서 8을 빼고 13을 더한 수 $\square-\square+\square=\square$

◆ 식을 세우고 계산하시오.

25에 12와 9의 차를 더한 수 $25+(12-9)=28$

❶ 17에서 7과 6의 합을 뺀 수

❷ 21과 7의 차에 8을 더한 수

❸ 15에 8을 더하고 11을 뺀 수

❹ 23에서 21과 7의 차를 뺀 수

❺ 22에서 9를 빼고 7을 더한 수

❻ 35에 10과 8의 차를 더한 수

675 괄호 넣어 비교하기

◐ 계산 결과를 쓰고 ( )가 없을 때와 계산 결과가 같은 식이 있으면 ○표 하시오.

24+3−2+4=29

24+3−(2+4)=21

(24+(3−2)+4=29) ○

(24+(3−2+4)=29) ○

❶ **35−12+9−6=26**

35−12+(9−6)

35−(12+9)−6

35−(12+9−6)

❷ **27−14−6−3=4**

27−14−(6−3)

27−(14−6)−3

27−(14−6−3)

❸ **19+8+5−3=29**

19+8+(5−3)

19+(8+5)−3

19+(8+5−3)

❹ **18+6−3+7=28**

18+6−(3+7)

18+(6−3)+7

18+(6−3+7)

❺ **32−16−8+6=14**

32−16−(8+6)

32−(16−8)+6

32−(16−8+6)

⊕ (　　)가 없을 때와 계산 결과가 같은 식이 있으면 ○표 하시오.

$36-4+7+6$

- ($36-4+(7+6)$) ○
- $36-(4+7)+6$
- $36-(4+7+6)$

❶ **$28+15-10-3$**

- $28+15-(10-3)$
- $28+(15-10)-3$
- $28+(15-10-3)$

❷ **$23-7+6-4$**

- $23-7+(6-4)$
- $23-(7+6)-4$
- $23-(7+6-4)$

❸ **$31-12-7+3$**

- $31-12-(7+3)$
- $31-(12-7)+3$
- $31-(12-7+3)$

❹ **$15+11+9-7$**

- $15+11+(9-7)$
- $15+(11+9)-7$
- $15+(11+9-7)$

❺ **$22-7+6+2$**

- $22-7+(6+2)$
- $22-(7+6)+2$
- $22-(7+6+2)$

676 오사삼이일

◐ 4, 3, 2, 1 숫자 사이에 +, −를 넣어 2에서 10까지의 짝수를 만든 것입니다. □ 안에 알맞은 수를 써넣으시오.

$4-3+2-1=\boxed{2}$

❶ $4-3+2+1=\square$

❷ $4+3-2+1=\square$

❸ $4+3+2-1=\square$

❹ $4+3+2+1=\square$

◐ 5, 4, 3, 2 숫자 사이에 +, −를 넣어 2에서 10까지의 짝수를 만든 것입니다. □ 안에 알맞은 수를 써넣으시오.

$5-4+3-2=\boxed{2}$

❺ $5+4-3-2=\square$

❻ $5-4+3+2=\square$

❼ $5+4-3+2=\square$

❽ $5+4+3-2=\square$

월 일

○ 안에 +, −를 넣어 계산 결과가 1에서 15까지의 홀수가 되도록 만드시오.(연산 기호를 중복해서 사용해도 됩니다. 여러 가지 방법이 있습니다.)

5 (−) 4 (+) 3 (−) 2 (−) 1 = 1

❶ 5 ○ 4 ○ 3 ○ 2 ○ 1 = 3

❷ 5 ○ 4 ○ 3 ○ 2 ○ 1 = 5

❸ 5 ○ 4 ○ 3 ○ 2 ○ 1 = 7

❹ 5 ○ 4 ○ 3 ○ 2 ○ 1 = 9

❺ 5 ○ 4 ○ 3 ○ 2 ○ 1 = 11

❻ 5 ○ 4 ○ 3 ○ 2 ○ 1 = 13

❼ 5 ○ 4 ○ 3 ○ 2 ○ 1 = 15

잘 공부했는지 알아봅시다

월 일

1 □ 안에 알맞은 수를 써넣으시오.

❶ $31-10+6=\square+6$
$=\square$

❷ $27-(12-6)=27-\square$
$=\square$

2 보기와 같이 ( )를 넣었을 때 계산 결과가 달라지는 식을 찾아 기호를 쓰시오.

$27 - 16 + 3 = 14$
$27 - (16 + 3) = 8$

㉠ $15+6+7$ ㉡ $15-6-4$ ㉢ $19+7-4$

3 관계 있는 것끼리 선으로 이으시오.

30에서 7을 빼고 3을 더한 수 •	• $30 + (7 - 3)$
30에 7과 3의 차를 더한 수 •	• $30 - (7 + 3)$
30에서 7과 3의 합을 뺀 수 •	• $30 - 7 + 3$
30에서 7과 3의 차를 뺀 수 •	• $30 - (7 - 3)$

2 곱·나눗셈 혼합 계산

677 순서대로 계산하기

◐ □ 안에 알맞은 수를 써넣으시오.

$28 \div (8 \div 4) = 14$

2

14

❶ $8 \times 5 \div 4 = \square$

□ □

❷ $5 \times 3 \times 2 = \square$

□ □

❸ $36 \div (2 \times 3) = \square$

□ □

❹ $72 \div 8 \div 3 = \square$

□ □

❺ $72 \div 9 \times 3 = \square$

□ □

❻ $32 \div (16 \div 8) = \square$

□ □

❼ $9 \times 14 \div 6 = \square$

□ □

계산 순서를 나타내고 계산하시오.

$64 \div 8 \div (8 \div 2) = 2$

8 4

2

❶ $12 \times (6 \div 3) \times 3$

❷ $8 \times 9 \div 6 \times 2$

❸ $36 \div 6 \times 3 \times 5$

❹ $25 \div (45 \div 9) \times 4$

❺ $10 \times 5 \div (35 \div 7)$

❻ $24 \div 2 \div (12 \div 3)$

❼ $72 \div (16 \div 2) \times 7$

678 선잇기

◐ 위의 식을 계산하고 두 식의 계산 결과가 같게 ◯ 안에 × 또는 ÷를 써넣으시오.

$36 \div 12 \div 3 = \boxed{1}$
$36 \div (12 \bigcirc\!\!\!\times\; 3)$

❶ $36 \div 12 \times 3 = \square$
$36 \div (12 \bigcirc 3)$

❷ $12 \times 6 \div 2 = \square$
$12 \times (6 \bigcirc 2)$

❸ $12 \div 6 \times 2 = \square$
$12 \div (6 \bigcirc 2)$

❹ $32 \div 8 \div 2 = \square$
$32 \div (8 \bigcirc 2)$

❺ $32 \div 8 \times 2 = \square$
$32 \div (8 \bigcirc 2)$

❻ $18 \times 9 \div 3 = \square$
$18 \times (9 \bigcirc 3)$

❼ $18 \div 6 \div 3 = \square$
$18 \div (6 \bigcirc 3)$

❽ $81 \div 9 \div 3 = \square$
$81 \div (9 \bigcirc 3)$

❾ $81 \div 9 \times 3 = \square$
$81 \div (9 \bigcirc 3)$

◆ 계산 결과가 같은 것끼리 서로 이으시오.

$24\div6\times2$	• — •	$24\times(6\div2)$
$24\div6\div2$	• — •	$24\div(6\div2)$
$24\times6\div2$	• — •	$24\div(6\times2)$

(Example matches: $24\div6\times2$ — $24\div(6\div2)$; $24\div6\div2$ — $24\div(6\times2)$; $24\times6\div2$ — $24\times(6\div2)$)

❶

$96\times8\div4$ •		• $96\times(8\div4)$
$96\div8\div4$ •		• $96\div(8\div4)$
$96\div8\times4$ •		• $96\div(8\times4)$

❷

$54\times9\div3$ •		• $54\div(9\div3)$
$54\div9\times3$ •		• $54\div(9\times3)$
$54\div9\div3$ •		• $54\times(9\div3)$

679 네모 안의 수

◐ □ 안에 알맞은 수에 ○표 하시오.

$24 \div (12 \div \square) = 12$

2 3 (6)

❶ $25 \div \square \times 9 \div 3 = 15$

4 5 6

❷ $28 \times 6 \div \square = 56$

2 3 6

❸ $54 \div (3 \times \square) \times 8 = 48$

1 2 3

❹ $64 \div (24 \div \square) = 8$

3 4 6

❺ $72 \div 4 \div 9 \times \square = 4$

1 2 3

❻ $84 \div \square \times 3 = 36$

6 7 8

❼ $\square \times 21 \div 7 \div 4 = 3$

4 6 8

□ 안에 알맞은 수를 써넣으시오.

$24 \div (\boxed{4} \times 2) = 3$

❶ $12 \times 8 \div (\square \times 3) = 8$

❷ $84 \div \square \times 3 = 36$

❸ $7 \times \square \div 3 \times 2 = 28$

❹ $81 \div (3 \times \square) = 3$

❺ $12 \div (\square \div 2) \times 3 = 18$

❻ $45 \div 3 \div \square = 3$

❼ $90 \div (\square \times 2) \div 3 = 3$

❽ $36 \div (\square \times 2) = 6$

❾ $7 \times 12 \times 3 \div \square = 42$

❿ $48 \div (2 \times \square) = 3$

⓫ $3 \times 8 \div (\square \times 2) = 4$

⓬ $36 \div \square \times 4 = 24$

⓭ $5 \times (48 \div \square) = 60$

680 숫자 카드 목표수

◐ 숫자 카드를 모두 한 번씩 사용하여 식을 완성하시오.

1 2 3 4

$\boxed{1}\boxed{2} \times \boxed{3} \div \boxed{4} = 9$

$\boxed{2}\boxed{1} \div \boxed{3} \times \boxed{4} = 28$

❶ 1 2 3 7

$\square\square \div \square \times \square = 9$

$\square \times (\square\square \div \square) = 28$

❷ 2 4 6 7

$\square \times \square \div \square \times \square = 21$

$\square\square \div \square \times \square = 28$

❸ 1 3 8 9

$\square\square \div \square \times \square = 54$

$\square \div \square \times (\square \div \square) = 24$

❹ 4 5 6 9

$\square\square \div (\square \times \square) = 1$

$\square \times \square \div \square \times \square = 30$

◆ 조건에 따라 계산 결과가 ◠ 안의 수가 되는 식을 만드시오. 여러 가지 방법이 있습니다.

조건

- 숫자 카드를 모두 한 번씩 사용하고, 숫자 두 개를 붙여서 두 자리 수를 만들 수 있습니다.
- 연산 기호는 ×, ÷를 사용하고, 여러 번 사용해도 됩니다.
- ( )를 사용해도 됩니다.

24

2 3 7 9

$72 \div 9 \times 3 = 24$

❶ 8

2 3 6 8

❷ 45

3 4 5 6

❸ 2

4 5 6 7

잘 공부했는지 알아봅시다

월 일

1 □ 안에 알맞은 수를 써넣으시오.

❶ $42 \div 6 \times 7 = \square \times 7$

$= \square$

❷ $72 \div (16 \div 2) = 72 \div \square$

$= \square$

❸ $12 \times 9 \div (18 \div 3) = 12 \times 9 \div \square$

$= \square \div \square$

$= \square$

2 계산 결과가 가장 큰 것에 ○표 하시오.

$144 \div 12 \div (4 \times 3)$

$144 \div (12 \div 4) \times 3$

$144 \div 12 \div 4 \times 3$

3 숫자 카드를 모두 한 번씩 사용하여 식을 완성하시오.

3 6 7 9

❶ $\square\square \div \square \times \square = 28$

❷ $\square\square \div \square \times \square = 49$

3 덧·뺄·곱셈 혼합 계산

681 계산 순서

◐ 바르게 계산한 것에 ○표 하시오.

$23-3\times6=120$ (20, 120)	$23-3\times6=5$ (18, 5) ○

❶

$7\times6+3=45$ (42, 45)	$7\times6+3=63$ (9, 63)

❷

$32+(2\times10)=340$ (34, 340)	$32+(2\times10)=52$ (20, 52)

❸

$6\times(7-5)=37$ (42, 37)	$6\times(7-5)=12$ (2, 12)

◆ □ 안에 알맞은 수를 써넣으시오.

$36-4\times7=$ 8

28

8

❶ $6\times5+15=$ □

□

□

❷ $8\times(6-2)=$ □

□

□

❸ $(6+4)\times7=$ □

□

□

❹ $24+6\times3=$ □

❺ $32-6\times2=$ □

❻ $7\times(3+8)=$ □

❼ $(9-4)\times12=$ □

❽ $9\times8-12=$ □

❾ $7\times8+15=$ □

682 화살표 순서

◐ 화살표에 표시된 번호 순으로 계산하여 □ 안에 알맞은 수를 써넣으시오.

$42+5\times4-16=42+$ [❶ 20] -16

(화살표: + ❷, × ❶, − ❸)

$=$ [❷ 62] $-16=$ [❸ 46]

❶ $15+6\times(12-5)=15+6\times$ [❶]

(화살표: + ❸, × ❷, − ❶)

$=15+$ [❷] $=$ [❸]

❷ $(5+4)\times7-15=$ [❶] $\times7-15$

(화살표: + ❶, × ❷, − ❸)

$=$ [❷] $-15=$ [❸]

❸ $8\times(13-7)+3=8\times$ [❶] $+3$

(화살표: × ❷, − ❶, + ❸)

$=$ [❷] $+3=$ [❸]

❹ $27-6+3\times8=27-6+$ [❶]

(화살표: − ❷, + ❸, × ❶)

$=$ [❷] $+24=$ [❸]

◆ 계산 순서에 맞게 화살표에 번호를 쓰고, 번호 순으로 계산하시오.

$45-(7+2)\times 4 = 45-9\times 4 = 45-36 = 9$

(③ ① ②)

❶ $(12-5)\times 7-24 =$ ______ $=$ ______ $=$ ______

( ) ( ) ( )

❷ $36-27+3\times 8 =$ ______ $=$ ______ $=$ ______

( ) ( ) ( )

❸ $8+7\times 6-13 =$ ______ $=$ ______ $=$ ______

( ) ( ) ( )

❹ $12\times 4-16+4 =$ ______ $=$ ______ $=$ ______

( ) ( ) ( )

683 식 세워 계산하기

◐ 문장에 맞게 식을 세운 것입니다. □ 안에 알맞은 수를 써넣으시오.

32에 3과 6의 곱을 더하고 7을 뺀 수

$\boxed{32} + \boxed{3} \times \boxed{6} - \boxed{7} = \boxed{43}$

❶ 4와 5의 곱에서 7을 빼고 21을 더한 수

$\square \times \square - \square + \square = \square$

❷ 7과 4의 합에 3을 곱하고 8을 뺀 수

$(\square + \square) \times \square - \square = \square$

❸ 6에 8과 3의 차를 곱하고 16을 더한 수

$\square \times (\square - \square) + \square = \square$

❹ 28에서 5와 3의 곱을 빼고 12를 더한 수

$\square - \square \times \square + \square = \square$

◆ 식을 세우고 계산하시오.

5와 4의 합에 7을 곱하고 16을 뺀 수

$(5+4)\times7-16=47$

❶ 9에 7과 5의 차를 곱하고 4를 뺀 수

❷ 28에 6과 7의 곱을 더하고 18을 뺀 수

❸ 10과 7의 곱에서 30을 빼고 6을 더한 수

❹ 11과 8의 차에 10을 곱하고 4를 더한 수

❺ 32에서 6과 3의 곱을 빼고 15를 더한 수

684 화살표 식

◐ 화살표를 사용한 식을 등호가 있는 하나의 식으로 고친 것입니다. □ 안에 알맞은 수를 써넣고 등호가 있는 식에 ( )를 바르게 넣으시오.

16 $\xrightarrow{-6}$ 10 $\xrightarrow{\times 2}$ 20 $\xrightarrow{+8}$ 28

$(16 - 6) \times 2 + 8 = \boxed{28}$

❶ 8 $\xrightarrow{+10}$ □ $\xrightarrow{-6}$ □ $\xrightarrow{\times 5}$ □

$8 + 10 - 6 \times 5 = \square$

❷ 8 $\xrightarrow{+4}$ □ $\xrightarrow{\times 3}$ □ $\xrightarrow{-15}$ □

$8 + 4 \times 3 - 15 = \square$

❸ 15 $\xrightarrow{-7}$ □ $\xrightarrow{+4}$ □ $\xrightarrow{\times 3}$ □

$15 - 7 + 4 \times 3 = \square$

◆ 화살표를 사용한 식을 완성하고, 등호가 있는 하나의 식으로 나타내시오.

26 —(−16)→ [10] —(+3)→ [13] —(×2)→ [26]

$(26-16+3)\times 2=26$

❶ 7 —(+8)→ [ ] —(×3)→ [ ] —(−17)→ [ ]

____

❷ 19 —(+3)→ [ ] —(−4)→ [ ] —(×3)→ [ ]

____

❸ 15 —(−7)→ [ ] —(×8)→ [ ] —(−21)→ [ ]

____

❹ 3 —(×8)→ [ ] —(−4)→ [ ] —(×2)→ [ ]

____

잘 공부했는지 알아봅시다

월 일

1 가장 먼저 계산해야 할 것에 ○표 하고 계산하시오.

❶ $43 + 4 \times 7 - 12 = \square$

❷ $15 + 5 \times (11 - 6) = \square$

2 식이 성립하도록 ○ 안에 +, −, ×를 써넣으시오.

$8 \bigcirc (3 \bigcirc 2) \bigcirc 7 = 33$

3 다음을 구하시오.

49에서 5와 7의 곱을 빼고 17을 더한 수

4 계산 결과를 비교하여 ○ 안에 >, =, <를 알맞게 써넣으시오.

❶ $36-7\times(2+1) \bigcirc 36-7\times2+1$

❷ $16+15-4\times3 \bigcirc 16+(15-4)\times3$

4 덧·뺄·나눗셈 혼합 계산

685 화살표 계산 순서

◐ 화살표에 표시된 번호 순으로 계산하여 □ 안에 알맞은 수를 써넣으시오.

$51-48\div3=51-\boxed{16}$ (① $48\div3$, ② $51-$)
$=\boxed{35}$

❶ $27\div9+15=\square+15$ (① $\div$, ② $+$)
$=\square$

❷ $15+35\div7=15+\square$ (① $\div$, ② $+$)
$=\square$

❸ $(24+8)\div4=\square\div4$ (① $+$, ② $\div$)
$=\square$

❹ $(36-12)\div8=\square\div8$ (① $-$, ② $\div$)
$=\square$

❺ $32-24\div12=32-\square$ (① $\div$, ② $-$)
$=\square$

❻ $27+36\div9=27+\square$ (① $\div$, ② $+$)
$=\square$

❼ $(28+16)\div4=\square\div4$ (① $+$, ② $\div$)
$=\square$

❽ $(45-27)\div3=\square\div3$ (① $-$, ② $\div$)
$=\square$

❾ $30+56\div2=30+\square$ (① $\div$, ② $+$)
$=\square$

◆ 화살표에 표시된 번호 순으로 계산하여 □ 안에 알맞은 수를 써넣으시오.

$9+16\div2-5=9+\boxed{8}-5=\boxed{17}-5=\boxed{12}$

(순서: + ②, ÷ ①, − ③)

❶ $24\div(6-3)+15=24\div\square+15=\square+15=\square$

(순서: ÷ ②, − ①, + ③)

❷ $36+(24-12)\div3=36+\square\div3=36+\square=\square$

(순서: + ③, − ①, ÷ ②)

❸ $23+(38-14)\div6=23+\square\div6=23+\square=\square$

(순서: + ③, − ①, ÷ ②)

❹ $75-9+56\div14=75-9+\square=\square+\square=\square$

(순서: − ②, + ③, ÷ ①)

❺ $3+48\div4-5=3+\square-5=\square-5=\square$

(순서: + ②, ÷ ①, − ③)

686 괄호 넣기

◐ (　　)를 여러 가지 방법으로 넣었습니다. □ 안에 알맞은 수를 써넣으시오.

$36 - 12 \div 4 + 2 = \boxed{35}$

$(36 - 12) \div 4 + 2 = \boxed{8}$

$36 - 12 \div (4 + 2) = \boxed{34}$

$36 - (12 \div 4 + 2) = \boxed{31}$

❶

$54 - 18 \div 6 + 3 = \square$

$(54 - 18) \div 6 + 3 = \square$

$54 - 18 \div (6 + 3) = \square$

$54 - (18 \div 6 + 3) = \square$

❷

$20 + 15 \div 5 - 2 = \square$

$(20 + 15) \div 5 - 2 = \square$

$20 + 15 \div (5 - 2) = \square$

$20 + (15 \div 5 - 2) = \square$

◆ 계산 결과에 맞게 ( )를 넣으시오.

$27 \div (6 - 3) + 7 = 16$

❶ $24 + 16 \div 4 - 3 = 7$

❷ $36 - 27 \div 3 + 15 = 18$

❸ $30 + 56 \div 2 - 21 = 22$

❹ $14 - 20 \div 5 + 3 = 7$

❺ $75 - 27 + 29 \div 14 = 71$

❻ $80 \div 8 + 8 + 3 = 8$

❼ $26 - 36 \div 6 + 15 = 5$

❽ $7 + 5 \div 2 + 13 = 19$

❾ $8 + 41 - 11 \div 15 = 10$

687 약속

◐ 약속에 맞게 계산한 것입니다. □ 안에 알맞은 수를 써넣으시오.

약속

■ ⊙ ● = (■ + ●) ÷ (■ − ●)

12 ⊙ 6
= (12 + [6]) ÷ ([12] − 6)
= [18] ÷ ([12] − 6)
= [18] ÷ [6] = [3]

❶ 11 ⊙ 9
= (11 + □) ÷ (□ − 9)
= □ ÷ (□ − 9)
= □ ÷ □ = □

약속

■ ⊡ ● = ■ + ■ ÷ ● − ●

❷ 42 ⊡ 7
= □ + □ ÷ □ − □
= □ + □ − □
= □ − □ = □

❸ 36 ⊡ 4
= □ + □ ÷ □ − □
= □ + □ − □
= □ − □ = □

◆ 약속에 맞게 식을 쓰고 계산하시오.

약속

■◬●=■+●−■÷●

18◬6= 18+6−18÷6

= 21

❶ 30◬5= ____

= ____

약속

■⊙●=(■+●)÷(■−●)

❷ 21⊙7= ____

= ____

❸ 15⊙9= ____

= ____

약속

■⟐●=(■+■−●)÷●

❹ 38⟐4= ____

= ____

❺ 42⟐3= ____

= ____

688 숫자 카드 목표수

◐ 숫자 카드를 모두 한 번씩 사용하여 식을 완성하시오.

2 4 7 8

[2][8] ÷ [4] + [7] = 14

[7] + [8] ÷ ([4] − [2]) = 11

❶ 1 2 4 6

□ + □□ ÷ □ = 24

(□□ + □) ÷ □ = 10

❷ 3 5 6 9

(□ + □) ÷ □ + □ = 10

□ − □□ ÷ □ = 1

❸ 1 5 7 8

(□□ − □) ÷ □ = 7

(□ + □ + □) ÷ □ = 2

❹ 2 3 4 9

□□ ÷ □ + □ = 17

(□ + □) ÷ □ − □ = 1

◆ 조건에 따라 계산 결과가 ⌒ 안의 수가 되는 식을 만드시오. 여러 가지 방법이 있습니다.

조건

- 숫자 카드를 모두 한 번씩 사용하고, 숫자 두 개를 붙여서 두 자리 수를 만들 수 있습니다.
- 연산 기호는 +, −, ÷를 사용하고, 여러 번 사용해도 됩니다.
- (　)를 사용해도 됩니다.

13

2 3 4 5

$24 \div 3 + 5 = 13$

❶

7

1 2 4 9

❷

11

3 5 6 8

❸

8

1 4 6 7

잘 공부했는지 알아봅시다

월 일

1 계산 순서에 맞게 기호를 쓰고, 계산을 하시오.

❶ $36-12\div(4+2)$

㉠ −, ㉡ ÷, ㉢ +

순서 : ________ 답: ________

❷ $(20+15)\div5-2$

㉠ +, ㉡ ÷, ㉢ −

순서 : ________ 답: ________

2 다음과 같이 약속할 때 12♥4의 계산식과 답을 구하시오.

$$6♥3=(6+3)\div(6-3)$$

식 : ________ 답 : ________

3 □ 안에 알맞은 수를 써넣으시오.

❶ $(27-15)\div\square+7=11$

❷ $15-(9+\square)\div5=11$

5 덧·뺄·곱·나눗셈 혼합 계산

689 계산 방법

◐ 계산 방법을 나타낸 것입니다. □ 안에 알맞은 수를 써넣으시오.

$18+3\times2-14\div7=$ 22

❶ $42-36\div3\times2+7=$ □

❷ $(25-10)\div3+7\times2=$ □

❸ $75\div5+3\times(5-2)=$ □

❹ $(15+25)\div8\times3-10=$ □

❺ $35\div7\times2-10+5=$ □

❻ $7\times6+(15-3)\div4=$ □

❼ $3\times(5+2)\div7+4=$ □

⊕ 계산 순서를 나타내고 계산하시오.

$7\times6+64\div(8-4)=$ 58

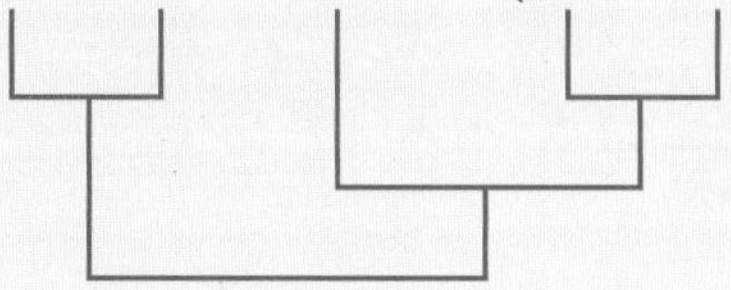

❶ $34\div2\times3-12+7=$ □

❷ $27\div(9-6)\times4+5=$ □

❸ $5+4\times7-16\div4=$ □

❹ $(7+14)\div3\times5-2=$ □

❺ $8\times9+64\div8-3=$ □

❻ $(35-17)\div6+4\times3=$ □

❼ $16-(2+8)\times4\div5=$ □

690 괄호 넣기

◐ (   )를 여러 가지 방법으로 넣었습니다. 계산하여 □ 안에 알맞은 수를 써넣으시오.

$2 \times 15 - 5 + 10 \div 5 = \boxed{27}$

$2 \times (15 - 5) + 10 \div 5 = \boxed{22}$

$2 \times (15 - 5 + 10) \div 5 = \boxed{8}$

$2 \times 15 - (5 + 10 \div 5) = \boxed{23}$

❶

$40 - 3 \times 12 \div 4 + 2 = \square$

$40 - 3 \times 12 \div (4 + 2) = \square$

$40 - 3 \times (12 \div 4 + 2) = \square$

$(40 - 3) \times 12 \div 4 + 2 = \square$

❷

$15 - 3 + 2 \times 6 \div 3 = \square$

$15 - (3 + 2) \times 6 \div 3 = \square$

$(15 - 3 + 2) \times 6 \div 3 = \square$

$15 - (3 + 2 \times 6) \div 3 = \square$

◆ 계산 결과에 맞게 ( )를 넣으시오.

$15 + 24 \div (3 + 5) - 2 = 16$
$15 + 24 \div (3 + 5 - 2) = 19$
$(15 + 24) \div 3 + 5 - 2 = 16$

❶
$15 - 2 + 6 \div 2 \times 3 = 14$
$15 - 2 + 6 \div 2 \times 3 = 3$
$15 - 2 + 6 \div 2 \times 3 = 0$

❷
$6 + 30 \div 3 \times 5 - 2 = 6$
$6 + 30 \div 3 \times 5 - 2 = 58$
$6 + 30 \div 3 \times 5 - 2 = 78$

❸
$36 \div 12 - 6 + 3 \times 4 = 2$
$36 \div 12 - 6 + 3 \times 4 = 16$
$36 \div 12 - 6 + 3 \times 4 = 18$

❹
$5 + 4 \times 11 - 8 \div 2 = 11$
$5 + 4 \times 11 - 8 \div 2 = 23$
$5 + 4 \times 11 - 8 \div 2 = 95$

691 연산 기호 넣기

◐ 식이 성립하도록 ○ 안에 왼쪽 연산 기호를 한 번씩 써넣으시오.

$+ \quad - \quad \times$	$4 \;(+)\; 8 \;(-)\; 3 \;(\times)\; 2 = 6$

❶ $+ \quad - \quad \div$ $\quad 12 \bigcirc 9 \bigcirc 3 \bigcirc 5 = 14$

❷ $+ \quad \times \quad \div$ $\quad 15 \bigcirc 5 \bigcirc 3 \bigcirc 2 = 11$

❸ $- \quad \times \quad \div$ $\quad 24 \bigcirc 12 \bigcirc 3 \bigcirc 4 = 15$

❹ $+ \quad - \quad \times$ $\quad 24 \bigcirc 3 \bigcirc 6 \bigcirc 5 = 11$

❺ $+ \quad - \quad \div$ $\quad 18 \bigcirc 6 \bigcirc 9 \bigcirc 3 = 9$

❻ $- \quad \div \quad +$ $\quad 36 \bigcirc 18 \bigcirc 2 \bigcirc 1 = 28$

◆ 식이 성립하도록 ○ 안에 +, −, ×, ÷를 한 번씩 써넣으시오.

7 (+) 4 (×) 9 (÷) 3 (−) 5 = 14

❶ 1 ○ 6 ○ 2 ○ 3 ○ 4 = 6

❷ (8 ○ 7) ○ 6 ○ 5 ○ 4 = 14

❸ 7 ○ 6 ○ (5 ○ 4) ○ 3 = 39

❹ 15 ○ 5 ○ (7 ○ 3) ○ 4 = 19

❺ 20 ○ 12 ○ 3 ○ 4 ○ 5 = 9

❻ 11 ○ (7 ○ 6 ○ 3) ○ 9 = 6

692 일이삼사오

◐ 1에서 5까지의 숫자 카드를 한 번씩 사용하여 계산 결과에 맞는 혼합 계산식을 만드시오.

1	2	3	4	5

$$\boxed{4} \times \boxed{2} + \boxed{3} - (\boxed{5} \div \boxed{1}) = 6$$

❶ $\square \times \square + (\square - \square) \div \square = 7$

❷ $\square \div \square + (\square - \square) \times \square = 8$

❸ $\square \times \square - \square \div \square + \square = 9$

❹ $\square \times \square + \square \div \square - \square = 10$

숫자 카드와 +, −, ×, ÷를 모두 한 번씩만 사용하여 계산 결과에 맞는 혼합 계산식을 만드시오. ( )를 사용해도 됩니다. 여러 가지 방법이 있습니다.

1	2	3	4	5

$5-(2+1)\div3\times4=1$

❶ ____________________ $=2$

❷ ____________________ $=3$

❸ ____________________ $=4$

❹ ____________________ $=5$

잘 공부했는지 알아봅시다

월 일

1 계산 순서를 나타내고 계산하시오.

$$15+(10-4)\times3\div6=\square$$

2 ( )를 빼도 계산 결과가 같은 것을 고르시오.

㉠ $15+24\div(3+5)$ ㉡ $2\times(15-5)+10$

㉢ $3+(2\times6)\div3$ ㉣ $(40-3)\times4\div2$

3 식이 성립하도록 ○ 안에 $+$, $-$, $\times$, $\div$를 한 번씩만 넣으시오.

❶ $5 \bigcirc 4 \bigcirc 3 \bigcirc 2 \bigcirc 1 = 21$

❷ $5 \bigcirc 4 \bigcirc 3 \bigcirc 2 \bigcirc 1 = 3$

6 여러 가지 혼합 계산

693 약속

◐ 약속에 맞게 계산한 것입니다. □ 안에 알맞은 수를 써넣으시오.

약속

■ ⊙ ● = ■ × ● − ■ ÷ ●

18 ⊙ 3
= 18 × [3] − [18] ÷ 3
= [54] − [18] ÷ 3
= [54] − [6]
= [48]

❶ 24 ⊙ 2
= 24 × □ − □ ÷ 2
= □ − □ ÷ 2
= □ − □
= □

약속

■ ⊡ ● = ■ × ● ÷ (■ − ●)

❷ 10 ⊡ 5
= 10 × □ ÷ (10 − □)
= 10 × □ ÷ □
= □ ÷ □
= □

❸ 12 ⊡ 6
= 12 × □ ÷ (12 − □)
= 12 × □ ÷ □
= □ ÷ □
= □

◆ 약속에 맞게 식을 쓰고 계산하시오.

약속

■ ◬ ● = ■ × ● + ■ ÷ ●

9 ◬ 3 = 9 × 3 + 9 ÷ 3
= 30

❶ 20 ◬ 5 = ____________
= ______

약속

■ ⧩ ● = ■ × ● ÷ (■ + ●)

❷ 6 ⧩ 3 = ____________
= ______

❸ 12 ⧩ 4 = ____________
= ______

약속

■ ◈ ● = ■ × (■ − ●) ÷ ●

❹ 15 ◈ 9 = ____________
= ______

❺ 12 ◈ 8 = ____________
= ______

694 숫자 카드 목표수

◐ 숫자 카드를 모두 한 번씩 사용하여 식을 완성하시오.

4	5	2	3

$\boxed{2} \times \boxed{5} - (\boxed{3} + \boxed{4}) = 3$

❶

1	2	5	4

$\square + \square - \square \times \square = 7$

❷

2	3	6	4

$\square \times \square - \square \div \square = 6$

❸

5	8	7	2

$\square + \square - \square \div \square = 8$

❹

2	3	6	7

$(\square \times \square) \div \square - \square = 2$

❺

3	4	5	8

$(\square \div \square) \times \square + \square = 11$

◆ 숫자 카드를 모두 한 번씩 사용하여 계산 결과가 ( ) 안의 수가 되는 혼합 계산식을 만드시오.(사칙 연산을 중복해서 사용해도 되고 ( )를 사용해도 됩니다. 여러 가지 방법이 있습니다.)

5

3	7	2	1

$(3+7)\div2\times1=5$

❶ 1

8	3	7	6

❷ 4

7	2	6	4

❸ 10

8	2	4	5

❹ 7

3	4	6	2

❺ 8

2	3	5	9

695 네모 안의 수

◐ □ 안에 알맞은 수에 ○표 하시오.

$58-(9\times\square+5)=8$

4 (5) 6

❶ $18-(12\div\square+2)=10$

2 3 4

❷ $24\div\square+8-1=13$

3 4 6 8

❸ $7\times3-72\div\square=13$

4 6 8 9

❹ $16+\square\times3-13=18$

5 6 7 8

❺ $2+(15-\square)\times3=20$

6 7 8 9

❻ $9+\square-56\div8=10$

6 7 8 9

❼ $9+16\div2-\square=15$

2 3 4 5

□ 안에 알맞은 수를 써넣으시오.

$6\times6\div(\boxed{6}+3)=4$

❶ $63-(9\times\square+12)=15$

❷ $\square\times5-(18+3)=4$

❸ $60-10\times\square\div4=40$

❹ $6\times\square-16\div4=14$

❺ $45\div(3+\square)\times3=27$

❻ $24\div(6+\square)\times7=21$

❼ $24-(3\times\square)+7=13$

❽ $8\times3+64\div\square=32$

❾ $(15-\square)\times2+3=19$

❿ $49-\square\div5\times6=19$

⓫ $(21-\square)\times2\div7=4$

⓬ $(\square-27)\div8\times12=60$

⓭ $25+\square\times(15-9)=43$

하나의 식

◐ 밑줄 친 수와 연산 기호를 사용하여 하나의 식으로 나타내고 답을 구하시오.

연필 한 타에 연필이 12자루 들어 있습니다. 연필 4타를 8명에게 똑같이 나누어 주려고 합니다. 한 사람이 갖는 연필은 몇 자루입니까?

하나의 식 : $12 \times 4 \div 8 = 6$(자루)　　답 : 6 자루

❶ 서울에서 부산까지의 거리는 416km입니다. 한 시간에 80km를 가는 자동차로 서울에서 출발하여 부산까지 가려고 합니다. 4시간을 갔다면 남은 거리는 몇 km입니까?

하나의 식 : ______　　답 : ______ km

❷ 승호네 반은 남학생이 17명, 여학생이 19명입니다. 이 중에서 안경을 낀 학생이 23명이면 안경을 끼지 않은 학생은 몇 명입니까?

하나의 식 : ______　　답 : ______ 명

❸ 한 송이에 200원 하는 장미를 24송이 사고 5000원을 냈습니다. 거스름돈으로 얼마를 받아야 합니까?

하나의 식 : ______　　답 : ______ 원

⊕ 문제에 나오는 수를 모두 한 번씩 사용하여 하나의 식을 만들고 답을 구하시오.

사과가 40개 있습니다. 여학생 4명과 남학생 3명으로 이루어진 모둠에 한 사람당 5개씩 사과를 주었습니다. 남은 사과는 몇 개입니까?

하나의 식 : $40-(4+3)\times 5=5$(개) 답 : 5 개

❶ 사탕이 6개씩 5묶음 있습니다. 친구 3명에게 4개씩 똑같이 나누어 주었다면, 남은 사탕은 몇 개입니까?

하나의 식 : ________________ 답 : ______ 개

❷ 민성이는 7일 동안 2일을 빼고 매일 30번씩 줄넘기를 하였고 준승이는 7일 동안 쉬지 않고 매일 20번씩 줄넘기를 하였습니다. 민성이는 줄넘기를 얼마나 더 많이 하였습니까?

하나의 식 : ________________ 답 : ______ 번

❸ 자동차 40대를 주차할 수 있는 주차장에 자동차가 8대씩 3줄로 주차되어 있습니다. 이 중 7대가 빠져나갔다면 주차장에는 모두 몇 대의 자동차를 더 주차할 수 있습니까?

하나의 식 : ________________ 답 : ______ 대

잘 공부했는지 알아봅시다

월 일

1 다음과 같이 약속할 때 18♥6의 식과 답을 구하시오.

15♥3 $=15\times3+15\div3$

식 : ____________ 답 : ______

2 숫자 카드를 모두 한 번씩 사용하여 계산 결과가 7이 되는 혼합 계산식을 만드시오. 여러 가지 방법이 있습니다. (사칙 연산을 중복해서 사용해도 되고 (   )를 사용해도 됩니다.)

3	2	5	6

3 □ 안에 알맞은 수를 써넣으시오.

❶ $12-(8\times\square+4)\div7=8$

❷ $\square\times2-(13+12)\div5=9$

7 연산 퍼즐

697 자동차 번호판

698 전화번호

699 포포즈

700 포나인즈

697 자동차 번호판

◐ 자동차 번호판의 네 숫자와 연산 기호를 사용하여 계산 결과가 10이 되는 여러 가지 혼합 계산식을 만든 것입니다. 주어진 방법과 다르게 10을 만드시오. 여러 가지 방법이 있습니다.

1 2 4 3

$2\times3+4\times1=10$

$4\times3-2\times1=10$

❶ **3 2 4 2**

$42-32=10$

________ $=10$

❷ **2 5 2 5**

$25\div5\times2=10$

________ $=10$

❸ **1 2 4 7**

$12\div4+7=10$

________ $=10$

❹ **1 2 5 2**

$5\times2\times(2-1)=10$

________ $=10$

❺ **2 2 3 6**

$3+6+2\div2=10$

________ $=10$

◆ 자동차 번호판의 네 숫자와 연산 기호를 이용하여 10을 만드시오.(연산을 중복해서 사용해도 되고 ( )를 사용해도 됩니다. 여러 가지 방법이 있습니다.)

7 8 2 4

$24 \div 8 + 7 = 10$

$(7-2) \times (8 \div 4) = 10$

❶ **6 3 3 5**

______ =10

______ =10

❷ **2 9 0 8**

______ =10

______ =10

❸ **3 8 2 1**

______ =10

______ =10

❹ **6 4 2 8**

______ =10

______ =10

❺ **5 4 1 7**

______ =10

______ =10

698 전화번호

◐ 전화 번호 끝 자리 네 숫자와 연산 기호를 사용하여 여러 가지 혼합 계산식을 만든 것입니다. 계산 결과를 써넣으시오.

○○○－○○○○－2983

○○○－○○○○－2736

$(9 - 8) \times (3 - 2) =$ 1

❶ $(2 + 7) \div (3 + 6) =$ □

❷ $(9 - 8) + (3 - 2) =$ □

❸ $(7 - 6) + (3 - 2) =$ □

❹ $8 - (2 + 9 \div 3) =$ □

❺ $7 - 6 \div 3 - 2 =$ □

❻ $(3 + 2) - (9 - 8) =$ □

❼ $6 \times 3 - 7 \times 2 =$ □

❽ $2 + 3 \times (9 - 8) =$ □

❾ $(2 + 3) \div (7 - 6) =$ □

❿ $3 \times 8 - 2 \times 9 =$ □

⓫ $2 + 7 + 3 - 6 =$ □

⓬ $2 \times 9 - 3 - 8 =$ □

⓭ $2 + 7 - 6 \div 3 =$ □

⓮ $8 \times (9 \div 3 - 2) =$ □

⓯ $6 \times 2 - 7 + 3 =$ □

⓰ $(9 \div 3) + (8 - 2) =$ □

⓱ $3 \times 6 - (2 + 7) =$ □

⊕ 전화 번호 끝 자리 네 숫자와 연산 기호를 사용하여 계산 결과가 1에서 9까지의 수가 되는 혼합 계산식을 만드시오.(연산을 중복해서 사용해도 되고 (　　)를 사용해도 됩니다. 여러 가지 방법이 있습니다.)

○○○−○○○○−1224	○○○−○○○○−5132
$4 \div 2 - 2 + 1 = 1$	❶ ＿＿＿＿＿ $= 1$
❷ ＿＿＿＿＿ $= 2$	❸ ＿＿＿＿＿ $= 2$
❹ ＿＿＿＿＿ $= 3$	❺ ＿＿＿＿＿ $= 3$
❻ ＿＿＿＿＿ $= 4$	❼ ＿＿＿＿＿ $= 4$
❽ ＿＿＿＿＿ $= 5$	❾ ＿＿＿＿＿ $= 5$
❿ ＿＿＿＿＿ $= 6$	⓫ ＿＿＿＿＿ $= 6$
⓬ ＿＿＿＿＿ $= 7$	⓭ ＿＿＿＿＿ $= 7$
⓮ ＿＿＿＿＿ $= 8$	⓯ ＿＿＿＿＿ $= 8$
⓰ ＿＿＿＿＿ $= 9$	⓱ ＿＿＿＿＿ $= 9$

699 포포즈

◐ 4개의 3과 연산 기호를 사용하여 여러 가지 방법으로 계산하였습니다. □ 안에 알맞은 수를 써넣으시오.

$(3 \div 3) \times (3 \div 3) = $ [1]

❶ $(3 \times 3) \div (3 \times 3) = \square$

❷ $(3 \div 3) + (3 \div 3) = \square$

❸ $(3 \times 3 - 3) \div 3 = \square$

❹ $(3 + 3 + 3) \div 3 = \square$

❺ $3 \times (3 - 3) + 3 = \square$

❻ $(3 \times 3 + 3) \div 3 = \square$

❼ $(3 + 3) - 3 \div 3 = \square$

❽ $(3 + 3) \div 3 + 3 = \square$

❾ $(3 + 3) \times (3 \div 3) = \square$

❿ $(3 + 3) + (3 - 3) = \square$

⓫ $(3 + 3) + (3 \div 3) = \square$

⓬ $(3 \times 3) - (3 \div 3) = \square$

⓭ $3 \times 3 + 3 - 3 = \square$

◆ 4개의 4와 연산 기호를 사용하여 1에서 9까지의 수를 만들려고 합니다. ○ 안에 알맞은 연산을 써넣어 다음 식을 완성하시오.(연산을 중복해서 사용해도 되고 (　　)를 사용해도 됩니다. 여러 가지 방법이 있습니다.)

4 (÷) 4 (×) 4 (÷) 4 =1

❶ 4 ○ 4 ○ 4 ○ 4 =2

❷ 4 ○ 4 ○ 4 ○ 4 =3

❸ 4 ○ 4 ○ 4 ○ 4 =4

❹ 4 ○ 4 ○ 4 ○ 4 =5

❺ 4 ○ 4 ○ 4 ○ 4 =6

❻ 4 ○ 4 ○ 4 ○ 4 =7

❼ 4 ○ 4 ○ 4 ○ 4 =8

❽ 4 ○ 4 ○ 4 ○ 4 =9

700 포나인즈

◐ **4**개의 **6**과 연산 기호를 이용하여 여러 가지 방법으로 혼합 계산식을 만든 것입니다. 계산 결과를 구하시오.

$(6+6-6)\div 6=$ [1]

❶ $66\div 66=$ □

❷ $(6\div 6)+(6\div 6)=$ □

❸ $(6+6+6)\div 6=$ □

❹ $6-(6+6)\div 6=$ □

❺ $(6\times 6-6)\div 6=$ □

❻ $66\div 6-6=$ □

❼ $6+(6-6)\times 6=$ □

❽ $(6\times 6+6)\div 6=$ □

❾ $(6+6)\div 6+6=$ □

❿ $(66-6)\div 6=$ □

⓫ $6+6-6\div 6=$ □

⓬ $(6\times 6)\div 6+6=$ □

⓭ $6+6\times(6\div 6)=$ □

4개의 9와 연산 기호를 사용하여 계산 결과에 맞는 여러 가지 혼합 계산식을 만드시오.(연산을 중복해서 사용해도 되고 (   )를 사용해도 됩니다. 여러 가지 방법이 있습니다.)

$(9 \div 9) \times (9 \div 9)$ $= 1$

❶ ________________ $= 2$

❷ ________________ $= 3$

❸ ________________ $= 7$

❹ ________________ $= 8$

❺ ________________ $= 9$

❻ ________________ $= 10$

❼ ________________ $= 11$

❽ ________________ $= 12$

잘 공부했는지 알아봅시다

월 일

1 보기와 같이 같은 숫자를 4번 사용하여 계산 결과가 3이 되는 혼합 계산식을 만드시오. 여러 가지 방법이 있습니다.

$(4+4+4)\div 4=3$

❶ 7 7 7 7 =3

❷ 9 9 9 9 =3

2 수 사이에 알맞은 연산을 써넣어 계산 결과가 1에서 7까지의 수가 되는 혼합 계산식을 완성하시오.(연산을 중복해서 사용해도 되고 ( )를 사용해도 됩니다. 여러 가지 방법이 있습니다.)

3 2 1 =1

3 2 1 =2

3 2 1 =3

3 2 1 =4

3 2 1 =5

3 2 1 =6

3 2 1 =7

3 ◯ 안에 알맞은 연산을 써넣어 혼합 계산식을 완성하시오.(연산을 중복해서 사용해도 되고 ( )를 사용해도 됩니다. 여러 가지 방법이 있습니다.)

3 ◯ 3 ◯ 3 ◯ 3 ◯ 3 =10

8 괄호가 있는 혼합 계산

701 계산 순서

◐ □ 안에 알맞은 수를 써넣으시오.

$\{2+(12-3)\times 4\}\div 2=$ 19

- $12-3$ → 9
- 9×4 → 36
- $2+36$ → 38
- $38\div 2$ → 19

❶ $3\times\{(36-12)\div 4+7\}=$ □

- $36-12$ → □
- □ $\div 4$ → □
- □ $+7$ → □
- $3\times$ □ → □

❷ $36\div\{2\times(9-3)\}+11=$ □

- $9-3$ → □
- $2\times$ □ → □
- $36\div$ □ → □
- □ $+11$ → □

계산 순서에 맞게 화살표에 번호를 쓰고 계산을 하시오.

$60 \div \{5 + (7 - 2) \times 5\} + 8 = \boxed{10}$

(계산 순서: ÷ ④, + ③, − ①, × ②, + ⑤)

❶ $7 \times 5 - \{3 + (15 - 5) \div 2\} = \square$

❷ $(21 - 5) \div 8 \times \{13 - (2 + 5) + 3\} = \square$

❸ $6 + 45 \div \{3 + (8 - 5) \times 2\} - 2 = \square$

❹ $\{7 - (8 - 2)\} \times 4 \div (7 - 5) + 6 = \square$

대소 비교

◐ 계산을 하고 결과를 비교하여 ○ 안에 >, =, <를 알맞게 써넣으시오.

$30-\{8\times(4-1)+3\}$ ($<$) $3+\{(15-8)\div7\times3\}$

3, 24, 27, 3 / 7, 1, 3, 6

❶ $32-\{8\times(6-4)+2\}$ ○ $14+\{(41-5)\div4-9\}$

❷ $15+\{(5-3)\times3\}+4$ ○ $4\times\{(25-19)\div3\}+10$

❸ $95-\{32+(42-7)\div5\}$ ○ $41-36\div\{(7+8)-(6+6)\}$

⊕ 계산 순서를 나타내고 결과를 비교하여 ○ 안에 >, =, <를 알맞게 써넣으시오.

$23-\{7\times(4+2)\div3\}$ ⓒ $<$ $\{(11-3)\div4+2\}\times3$

❶ $\{15-(14-5)\}\times2$ ○ $36\div\{12-(9-3)\}$

❷ $20-\{8\times(4-2)\}+3$ ○ $9+\{(22-15)\div7\times5\}$

❸ $35-\{8\times(5-3)\times2\}$ ○ $\{10-16\div(6-2)\}\times3$

703 괄호 넣기

◐ 소괄호 ( )와 중괄호 { }를 여러 가지 방법으로 넣었습니다. 계산하여 □ 안에 알맞은 수를 써넣으시오.

$60 - 36 \div 3 \times 2 + 1 = \boxed{37}$

$60 - 36 \div 3 \times (2 + 1) = \boxed{24}$

$60 - 36 \div \{3 \times (2 + 1)\} = \boxed{56}$

❶ $3 \times 8 + 4 \div 2 - 5 = \square$

$3 \times (8 + 4) \div 2 - 5 = \square$

$3 \times \{(8 + 4) \div 2 - 5\} = \square$

❷ $9 + 21 - 14 \div 7 \times 3 = \square$

$9 + (21 - 14) \div 7 \times 3 = \square$

$\{9 + (21 - 14) \div 7\} \times 3 = \square$

❸ $90 - 30 \times 2 - 22 + 26 \div 2 = \square$

$90 - 30 \times 2 - (22 + 26) \div 2 = \square$

$90 - \{30 \times 2 - (22 + 26) \div 2\} = \square$

월 일

계산 결과에 맞게 (   )를 한 번 넣으시오.

$29 - (5 + 2) \times 4 = 1$

❶ $15 + 18 - 8 \div 2 = 20$

❷ $15 - 2 + 7 = 6$

❸ $3 \times 7 - 2 + 3 = 16$

❹ $4 + 8 \div 2 = 6$

❺ $3 + 2 \times 8 - 5 = 35$

계산 결과에 맞게 {   }를 한 번 넣으시오.

$\{1 + (14 - 5) \times 3\} \div 7 = 4$

❻ $25 - (2 + 3) \times 4 - 2 = 7$

❼ $8 \times 24 \div (3 + 1) - 2 = 32$

❽ $2 \times 15 - (5 - 3) + 4 = 30$

704 가장 크게 가장 작게

◐ 계산을 하고 계산 결과가 가장 큰 식에 ○표 하시오.

$64 \div (8 \div 4) \div 2 = \boxed{16}$

$64 \div 8 \div (4 \div 2) = \boxed{4}$

(○) $64 \div (8 \div 4 \div 2) = \boxed{64}$

❶

$32 - (16 - 8) - 4 = \square$

$32 - 16 - (8 - 4) = \square$

$32 - (16 - 8 - 4) = \square$

❷

$6 + 3 \times 4 - 3 = \square$

$(6 + 3) \times 4 - 3 = \square$

$6 + 3 \times (4 - 3) = \square$

❸

$18 + 12 - 5 \times 2 = \square$

$18 + (12 - 5) \times 2 = \square$

$(18 + 12 - 5) \times 2 = \square$

⊕ 계산 결과가 가장 큰 값이 나오도록 (　　)를 한 번 넣고 계산하시오.

$$27+(9\div3)+6=\boxed{36}$$

❶ $35-12-6-4=\square$

❷ $34\div4\div2+2=\square$

❸ $24+12-3\times2=\square$

⊕ 계산 결과가 가장 작은 값이 나오도록 (　　)를 한 번 넣고 계산하시오.

$$32\div(8\times2)-1=\boxed{1}$$

❹ $7+5\times3-2=\square$

❺ $7\times7+3-5=\square$

❻ $35-13+7-4=\square$

잘 공부했는지 알아봅시다

월 일

1 계산 순서에 맞게 기호를 쓰시오.

$$80 \div \{25 - (12 + 3) \times 2\}$$

㉠ ÷, ㉡ −, ㉢ +, ㉣ ×

2 □ 안에 알맞은 수를 써넣으시오.

$$72 \div \{29 + (\square + 7) \div 7\} = 2$$

3 다음 중 (　)를 빼도 계산 결과가 같은 것을 모두 고르시오.

㉠ $30 - (15 - 12)$　　㉡ $108 \div (18 \div 6)$

㉢ $24 + (15 + 6) - 4$　　㉣ $6 \times (15 - 4) - 7$

㉤ $5 \times (7 \times 3) + 2$

MEMO

MEMO

사고셈

정답 및 해설
Guide Book

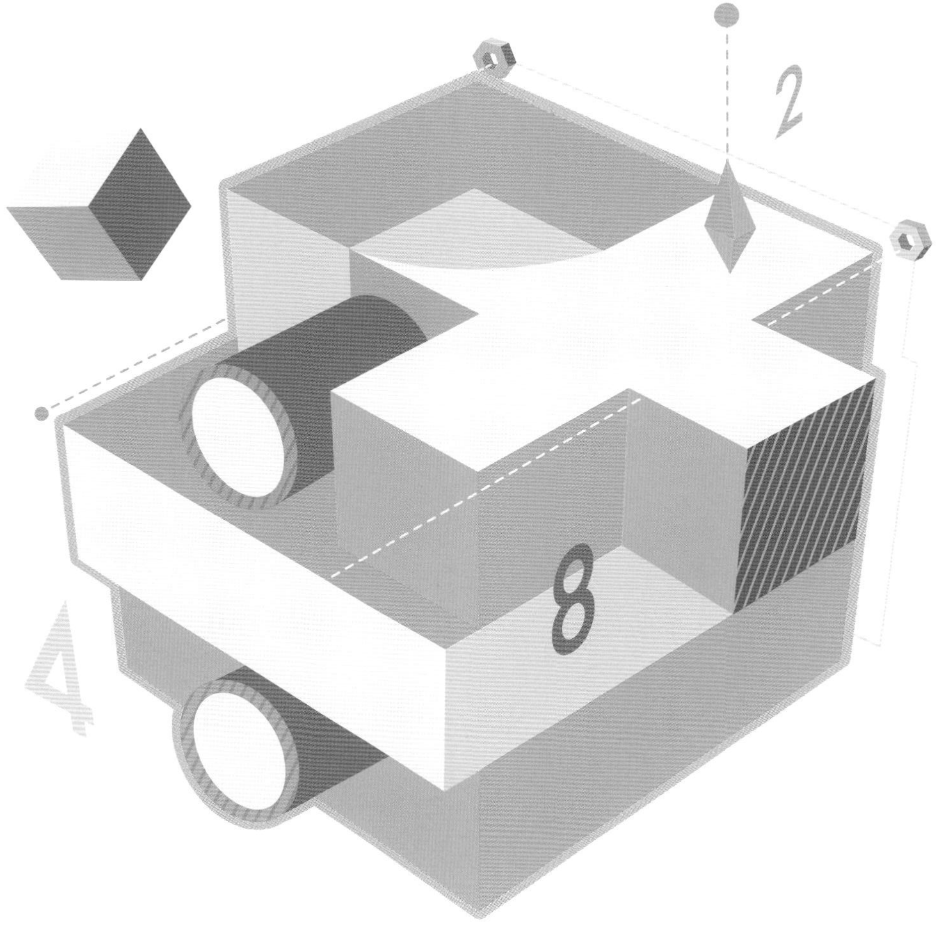

초등4 2호

혼합 계산

NE 능률

673 순서대로 계산하기

월 일

◐ □ 안에 알맞은 수를 써넣으시오.

(예) $27-(6+9)=12$ → 15, 12

❶ $63-8+11=66$ → 55, 66

❷ $24+8-13=19$ → 32, 19

❸ $27-(16-7)=18$ → 9, 18

❹ $32+8+11=51$ → 40, 51

❺ $32-13-11=8$ → 19, 8

❻ $29-(12+9)=8$ → 21, 8

❼ $18-(12-9)=15$ → 3, 15

덧셈과 뺄셈이 섞여 있는 식은 앞에서부터 차례로 계산합니다. ( )가 섞여 있는 식은 ( ) 안을 먼저 계산합니다.

◑ 계산 순서를 나타내고 계산하시오.

(예) $36-(18-12)+4=34$ → 6, 30, 34

❶ $26+9-(13+4)=18$ → 35, 17, 18

❷ $18+3-12+24=33$ → 21, 9, 33

❸ $36-24+9+15=36$ → 12, 21, 36

❹ $25-(13-7)+4=23$ → 6, 19, 23

❺ $19+17-(15-4)=25$ → 36, 11, 25

❻ $16+8-11+5=18$ → 24, 13, 18

❼ $31-(9-3)+6=31$ → 6, 25, 31

674 식 세워 계산하기

월 일

◐ 문장에 맞게 식을 세운 것입니다. □ 안에 알맞은 수를 써넣고 계산하시오.

24에서 7과 3의 합을 뺀 수 $24-(7+3)=14$

❶ 15에 7을 더하고 6을 뺀 수 $15+7-6=16$

❷ 21과 7의 차에 15를 더한 수 $21-7+15=29$

❸ 18에서 12와 9의 차를 뺀 수 $18-(12-9)=15$

❹ 28에서 12를 빼고 7을 더한 수 $28-12+7=23$

❺ 25에서 11과 5의 합을 뺀 수 $25-(11+5)=9$

❻ 42에서 8을 빼고 13을 더한 수 $42-8+13=47$

문장에서 먼저 계산해야 하는 식을 찾아 ( )로 묶어서 나타냅니다.

◐ 식을 세우고 계산하시오.

25에 12와 9의 차를 더한 수 $25+(12-9)=28$

❶ 17에서 7과 6의 합을 뺀 수 $17-(7+6)=4$

❷ 21과 7의 차에 8을 더한 수 $21-7+8=22$

❸ 15에 8을 더하고 11을 뺀 수 $15+8-11=12$

❹ 23에서 21과 7의 차를 뺀 수 $23-(21-7)=9$

❺ 22에서 9를 빼고 7을 더한 수 $22-9+7=20$

❻ 35에 10과 8의 차를 더한 수 $35+(10-8)=37$

675 괄호 넣어 비교하기

월 일

◐ 계산 결과를 쓰고 (　)가 없을 때와 계산 결과가 같은 식이 있으면 ○표 하시오.

24+3−2+4=29
- 24+3−(2+4)=21
- (24+(3−2)+4=29) ○
- (24+(3−2+4)=29) ○

❶ **35−12+9−6=26**
- (35−12+(9−6)=26) ○
- 35−(12+9)−6=8
- 35−(12+9−6)=20

❷ **27−14−6−3=4**
- 27−14−(6−3)=10
- 27−(14−6)−3=16
- 27−(14−6−3)=22

❸ **19+8+5−3=29**
- (19+8+(5−3)=29) ○
- (19+(8+5)−3=29) ○
- (19+(8+5−3)=29) ○

❹ **18+6−3+7=28**
- 18+6−(3+7)=14
- (18+(6−3)+7=28) ○
- (18+(6−3+7)=28) ○

❺ **32−16−8+6=14**
- 32−16−(8+6)=2
- 32−(16−8)+6=30
- 32−(16−8+6)=18

◑ (　)가 없을 때와 계산 결과가 같은 식이 있으면 ○표 하시오.

36−4+7+6 45
- (36−4+(7+6)) ○ 45
- 36−(4+7)+6 31
- 36−(4+7+6) 19

❶ **28+15−10−3** 30
- 28+15−(10−3) 36
- (28+(15−10)−3) ○ 30
- (28+(15−10−3)) ○ 30

❷ **23−7+6−4** 18
- (23−7+(6−4)) ○ 18
- 23−(7+6)−4 6
- 23−(7+6−4) 14

❸ **31−12−7+3** 15
- 31−12−(7+3) 9
- 31−(12−7)+3 29
- 31−(12−7+3) 23

❹ **15+11+9−7** 28
- (15+11+(9−7)) ○ 28
- (15+(11+9)−7) ○ 28
- (15+(11+9−7)) ○ 28

❺ **22−7+6+2** 23
- (22−7+(6+2)) ○ 23
- 22−(7+6)+2 11
- 22−(7+6+2) 7

676 오사삼이일

◆ 4, 3, 2, 1 숫자 사이에 +, −를 넣어 2에서 10까지의 짝수를 만든 것입니다. □ 안에 알맞은 수를 써넣으시오.

4−3+2−1= 2

❶ 4−3+2+1= 4　❷ 4+3−2+1= 6

❸ 4+3+2−1= 8　❹ 4+3+2+1= 10

◆ 5, 4, 3, 2 숫자 사이에 +, −를 넣어 2에서 10까지의 짝수를 만든 것입니다. □ 안에 알맞은 수를 써넣으시오.

5−4+3−2= 2

❺ 5+4−3−2= 4　❻ 5−4+3+2= 6

❼ 5+4−3+2= 8　❽ 5+4+3−2= 10

월　일

◆ ○ 안에 +, −를 넣어 계산 결과가 1에서 15까지의 홀수가 되도록 만드시오.(연산 기호를 중복해서 사용해도 됩니다. 여러 가지 방법이 있습니다.)

5 (−) 4 (+) 3 (−) 2 (−) 1 = 1

❶ 5 (+) 4 (−) 3 (−) 2 (−) 1 = 3
5 (−) 4 (+) 3 (−) 2 (+) 1 =3

❷ 5 (+) 4 (−) 3 (−) 2 (+) 1 = 5
5 (−) 4 (+) 3 (+) 2 (−) 1 =5

❸ 5 (−) 4 (+) 3 (+) 2 (+) 1 = 7
5 (+) 4 (−) 3 (+) 2 (−) 1 =7

❹ 5 (+) 4 (+) 3 (−) 2 (−) 1 = 9
5 (+) 4 (−) 3 (+) 2 (+) 1 =9

❺ 5 (+) 4 (+) 3 (−) 2 (+) 1 = 11

❻ 5 (+) 4 (+) 3 (+) 2 (−) 1 = 13

❼ 5 (+) 4 (+) 3 (+) 2 (+) 1 = 15

잘 공부했는지 알아봅시다

월 일

1 □ 안에 알맞은 수를 써넣으시오.

❶ $31-10+6=$ [21] $+6$
$=$ [27]

덧셈과 뺄셈이 섞여 있는 식은 앞에서부터 차례로 계산합니다. ( )가 섞여 있는 식은 ( ) 안을 먼저 계산합니다.

❷ $27-(12-6)=27-$ [6]
$=$ [21]

2 보기와 같이 ( )를 넣었을 때 계산 결과가 달라지는 식을 찾아 기호를 쓰시오.

ㄴ

$27 - 16 + 3 = 14$
$27 - (16 + 3) = 8$

㉠ $15+6+7$ ㉡ $15-6-4$ ㉢ $19+7-4$

㉠ $15+6+7=28$, $15+(6+7)=28$
㉡ $15-6-4=5$, $15-(6-4)=13$
㉢ $19+7-4=22$, $19+(7-4)=22$

3 관계 있는 것끼리 선으로 이으시오.

30에서 7을 빼고 3을 더한 수	$30-7+3$
30에 7과 3의 차를 더한 수	$30+(7-3)$
30에서 7과 3의 합을 뺀 수	$30-(7+3)$
30에서 7과 3의 차를 뺀 수	$30-(7-3)$

677 순서대로 계산하기

월 일

◐ □ 안에 알맞은 수를 써넣으시오.

(예) $28 \div (8 \div 4) = 14$ — 2, 14

❶ $8 \times 5 \div 4 = 10$ — 40, 10

❷ $5 \times 3 \times 2 = 30$ — 15, 30

❸ $36 \div (2 \times 3) = 6$ — 6, 6

❹ $72 \div 8 \div 3 = 3$ — 9, 3

❺ $72 \div 9 \times 3 = 24$ — 8, 24

❻ $32 \div (16 \div 8) = 16$ — 2, 16

❼ $9 \times 14 \div 6 = 21$ — 126, 21

곱셈과 나눗셈이 섞여 있는 식은 앞에서부터 차례로 계산합니다. ( )가 섞여 있는 식은 ( ) 안을 먼저 계산합니다.

◑ 계산 순서를 나타내고 계산하시오.

(예) $64 \div 8 \div (8 \div 2) = 2$ — 8, 4, 2

❶ $12 \times (6 \div 3) \times 3 = 72$ — 2, 24, 72

❷ $8 \times 9 \div 6 \times 2 = 24$ — 72, 12, 24

❸ $36 \div 6 \times 3 \times 5 = 90$ — 6, 18, 90

❹ $25 \div (45 \div 9) \times 4 = 20$ — 5, 5, 20

❺ $10 \times 5 \div (35 \div 7) = 10$ — 50, 5, 10

❻ $24 \div 2 \div (12 \div 3) = 3$ — 12, 4, 3

❼ $72 \div (16 \div 2) \times 7 = 63$ — 8, 9, 63

678 선잇기

◐ 위의 식을 계산하고 두 식의 계산 결과가 같게 ○ 안에 × 또는 ÷를 써넣으시오.

$36 \div 12 \div 3 = 1$
$36 \div (12 \times 3)$

❶ $36 \div 12 \times 3 = 9$
$36 \div (12 \div 3)$

❷ $12 \times 6 \div 2 = 36$
$12 \times (6 \div 2)$

❸ $12 \div 6 \times 2 = 4$
$12 \div (6 \div 2)$

❹ $32 \div 8 \div 2 = 2$
$32 \div (8 \times 2)$

❺ $32 \div 8 \times 2 = 8$
$32 \div (8 \div 2)$

❻ $18 \times 9 \div 3 = 54$
$18 \times (9 \div 3)$

❼ $18 \div 6 \div 3 = 1$
$18 \div (6 \times 3)$

❽ $81 \div 9 \div 3 = 3$
$81 \div (9 \times 3)$

❾ $81 \div 9 \times 3 = 27$
$81 \div (9 \div 3)$

◑ 계산 결과가 같은 것끼리 서로 이으시오.

8	$24 \div 6 \times 2$	$24 \times (6 \div 2)$	72
2	$24 \div 6 \div 2$	$24 \div (6 \div 2)$	8
72	$24 \times 6 \div 2$	$24 \div (6 \times 2)$	2

❶

192	$96 \times 8 \div 4$	$96 \times (8 \div 4)$	192
3	$96 \div 8 \div 4$	$96 \div (8 \div 4)$	48
48	$96 \div 8 \times 4$	$96 \div (8 \times 4)$	3

❷

162	$54 \times 9 \div 3$	$54 \div (9 \div 3)$	18
18	$54 \div 9 \times 3$	$54 \div (9 \times 3)$	2
2	$54 \div 9 \div 3$	$54 \times (9 \div 3)$	162

679 네모 안의 수

월 일

◐ □ 안에 알맞은 수에 ○표 하시오.

$24\div(12\div\square)=12$

2 3 (6)

(12÷□)=▲라고 할 때,
24÷▲=12이므로, ▲=2입니다.
12÷□=2이므로 □=6입니다.

❶ $25\div\square\times9\div3=15$

4 (5) 6

25÷□=▲라고 할 때,
▲×9÷3=15이므로,
▲×9=45, ▲=5입니다.
25÷□=5이므로 □=5입니다.

❷ $28\times6\div\square=56$

2 (3) 6

❸ $54\div(3\times\square)\times8=48$

1 2 (3)

❹ $64\div(24\div\square)=8$

(3) 4 6

❺ $72\div4\div9\times\square=4$

1 (2) 3

❻ $84\div\square\times3=36$

6 (7) 8

❼ $\square\times21\div7\div4=3$

(4) 6 8

계산 순서를 거꾸로 생각하면 □ 안의 수를 찾을 수 있습니다.

◈ □ 안에 알맞은 수를 써넣으시오.

$24\div(\boxed{4}\times2)=3$

(□×2)=▲라고 할 때,
24÷▲=3이므로, ▲=8입니다.
□×2=8이므로 □=4입니다.

❶ $12\times8\div(\boxed{4}\times3)=8$

(□×3)=▲라고 할 때,
12×8÷▲=8, 96÷▲=8이므로, ▲=12입니다.
□×3=12이므로 □=4입니다.

❷ $84\div\boxed{7}\times3=36$

❸ $7\times\boxed{6}\div3\times2=28$

❹ $81\div(3\times\boxed{9})=3$

❺ $12\div(\boxed{4}\div2)\times3=18$

❻ $45\div3\div\boxed{5}=3$

❼ $90\div(\boxed{5}\times2)\div3=3$

❽ $36\div(\boxed{3}\times2)=6$

❾ $7\times12\times3\div\boxed{6}=42$

❿ $48\div(2\times\boxed{8})=3$

⓫ $3\times8\div(\boxed{3}\times2)=4$

⓬ $36\div\boxed{6}\times4=24$

⓭ $5\times(48\div\boxed{4})=60$

680 숫자 카드 목표수

◐ 숫자 카드를 모두 한 번씩 사용하여 식을 완성하시오. 예시 답안 외에도 계산 결과가 맞으면 정답입니다.

[1] [2] [3] [4]

$12 \times 3 \div 4 = 9$

$21 \div 3 \times 4 = 28$

❶ [1] [2] [3] [7]

$21 \div 7 \times 3 = 9$

$7 \times (12 \div 3) = 28$

❷ [2] [4] [6] [7]

$2 \times 6 \div 4 \times 7 = 21$

$24 \div 6 \times 7 = 28$

❸ [1] [3] [8] [9]

$18 \div 3 \times 9 = 54$

$8 \div 1 \times (9 \div 3) = 24$

❹ [4] [5] [6] [9]

$54 \div (6 \times 9) = 1$

$4 \times 9 \div 6 \times 5 = 30$

월 일

◐ 조건에 따라 계산 결과가 ◠ 안의 수가 되는 식을 만드시오. 여러 가지 방법이 있습니다. 예시 답안 외에도 계산 결과가 맞으면 정답입니다.

조건

- 숫자 카드를 모두 한 번씩 사용하고, 숫자 두 개를 붙여서 두 자리 수를 만들 수 있습니다.
- 연산 기호는 ×, ÷를 사용하고, 여러 번 사용해도 됩니다.
- (   )를 사용해도 됩니다.

24: [2] [3] [7] [9]

$72 \div 9 \times 3 = 24$

❶ 8: [2] [3] [6] [8]

$(8 \div 2) \times (6 \div 3) = 8$

$6 \times 8 \div (2 \times 3) = 8$

❷ 45: [3] [4] [5] [6]

$5 \times 36 \div 4 = 45$

$36 \div 4 \times 5 = 45$

❸ 2: [4] [5] [6] [7]

$56 \div 7 \div 4 = 2$

$56 \div 4 \div 7 = 2$

잘 공부했는지 알아봅시다

월 일

1 □ 안에 알맞은 수를 써넣으시오.

❶ $42 \div 6 \times 7 = \boxed{7} \times 7 = \boxed{49}$

❷ $72 \div (16 \div 2) = 72 \div \boxed{8} = \boxed{9}$

❸ $12 \times 9 \div (18 \div 3) = 12 \times 9 \div \boxed{6} = \boxed{108} \div \boxed{6} = \boxed{18}$

곱셈과 나눗셈이 섞여 있는 식은 앞에서부터 차례로 계산합니다. ( )가 섞여 있는 식은 ( ) 안을 먼저 계산합니다.

2 계산 결과가 가장 큰 것에 ○표 하시오.

$144 \div 12 \div (4 \times 3)$ 1

(○) $144 \div (12 \div 4) \times 3$ 144

$144 \div 12 \div 4 \times 3$ 9

3 숫자 카드를 모두 한 번씩 사용하여 식을 완성하시오.

3 6 7 9

❶ $\boxed{3}\boxed{6} \div \boxed{9} \times \boxed{7} = 28$

❷ $\boxed{6}\boxed{3} \div \boxed{9} \times \boxed{7} = 49$

681 계산 순서

월 일

◐ 바르게 계산한 것에 ○표 하시오.

$23-3\times6=120$ (20, 120)	$23-3\times6=5$ (18, 5) ○
❶ $7\times6+3=45$ (42, 45) ○	$7\times6+3=63$ (9, 63)
❷ $32+(2\times10)=340$ (34, 340)	$32+(2\times10)=52$ (20, 52) ○
❸ $6\times(7-5)=37$ (42, 37)	$6\times(7-5)=12$ (2, 12) ○

덧셈, 뺄셈, 곱셈이 섞여 있는 식은 곱셈부터 먼저 계산합니다. ( )가 섞여 있는 식은 ( ) 안을 먼저 계산합니다.

◑ □ 안에 알맞은 수를 써넣으시오.

$36-4\times7=$ 8 (28, 8)

❶ $6\times5+15=$ 45 (30, 45)

❷ $8\times(6-2)=$ 32 (4, 32)

❸ $(6+4)\times7=$ 70 (10, 70)

❹ $24+6\times3=$ 42

❺ $32-6\times2=$ 20

❻ $7\times(3+8)=$ 77

❼ $(9-4)\times12=$ 60

❽ $9\times8-12=$ 60

❾ $7\times8+15=$ 71

682 화살표 순서

월 일

◐ 화살표에 표시된 번호 순으로 계산하여 □ 안에 알맞은 수를 써넣으시오.

42+5×4−16=42+[❶20]−16 (화살표: 5 앞 +는 ❷, × ❶, − ❸)
=[❷62]−16=[❸46]

❶ 15+6×(12−5)=15+6×[❶7] (+ ❸, × ❷, − ❶)
=15+[❷42]=[❸57]

❷ (5+4)×7−15=[❶9]×7−15 (+ ❶, × ❷, − ❸)
=[❷63]−15=[❸48]

❸ 8×(13−7)+3=8×[❶6]+3 (× ❷, − ❶, + ❸)
=[❷48]+3=[❸51]

❹ 27−6+3×8=27−6+[❶24] (− ❷, + ❸, × ❶)
=[❷21]+24=[❸45]

◐ 계산 순서에 맞게 화살표에 번호를 쓰고, 번호 순으로 계산하시오.

45−(7+2)×4 = 45−9×4 = 45−36 = 9 (− ③, + ①, × ②)

❶ (12−5)×7−24 = 7×7−24 = 49−24 = 25 (− ①, × ②, − ③)

❷ 36−27+3×8 = 36−27+24 = 9+24 = 33 (− ②, + ③, × ①)

❸ 8+7×6−13 = 8+42−13 = 50−13 = 37 (+ ②, × ①, − ③)

❹ 12×4−16+4 = 48−16+4 = 32+4 = 36 (× ①, − ②, + ③)

683 식 세워 계산하기

◐ 문장에 맞게 식을 세운 것입니다. □ 안에 알맞은 수를 써넣으시오.

32에 3과 6의 곱을 더하고 7을 뺀 수

32 + 3 × 6 − 7 = 43

❶ 4와 5의 곱에서 7을 빼고 21을 더한 수

4 × 5 − 7 + 21 = 34

❷ 7과 4의 합에 3을 곱하고 8을 뺀 수

(7 + 4) × 3 − 8 = 25

❸ 6에 8과 3의 차를 곱하고 16을 더한 수

6 × (8 − 3) + 16 = 46

❹ 28에서 5와 3의 곱을 빼고 12를 더한 수

28 − 5 × 3 + 12 = 25

문장에서 먼저 계산해야 하는 식이 덧셈식이거나 뺄셈식인 경우 ( )로 묶어서 나타냅니다.

월 일

◑ 식을 세우고 계산하시오.

5와 4의 합에 7을 곱하고 16을 뺀 수

$(5+4)\times7-16=47$

❶ 9에 7과 5의 차를 곱하고 4를 뺀 수

$9\times(7-5)-4=14$

❷ 28에 6과 7의 곱을 더하고 18을 뺀 수

$28+6\times7-18=52$

❸ 10과 7의 곱에서 30을 빼고 6을 더한 수

$10\times7-30+6=46$

❹ 11과 8의 차에 10을 곱하고 4를 더한 수

$(11-8)\times10+4=34$

❺ 32에서 6과 3의 곱을 빼고 15를 더한 수

$32-6\times3+15=29$

684 화살표 식

월 일

◐ 화살표를 사용한 식을 등호가 있는 하나의 식으로 고친 것입니다. □ 안에 알맞은 수를 써넣고 등호가 있는 식에 ( )를 바르게 넣으시오.

16 →(−6) 10 →(×2) 20 →(+8) 28

$(16-6)\times 2+8=28$

❶ 8 →(+10) 18 →(−6) 12 →(×5) 60

$(8+10-6)\times 5=60$

❷ 8 →(+4) 12 →(×3) 36 →(−15) 21

$(8+4)\times 3-15=21$

❸ 15 →(−7) 8 →(+4) 12 →(×3) 36

$(15-7+4)\times 3=36$

먼저 계산해야 하는 식이 덧셈식이거나 뺄셈식인 경우 ( )로 묶어서 나타냅니다. ( ) 안에 연산이 여러 번 들어갈 수 있습니다.

◑ 화살표를 사용한 식을 완성하고, 등호가 있는 하나의 식으로 나타내시오.

26 →(−16) 10 →(+3) 13 →(×2) 26

$(26-16+3)\times 2=26$

❶ 7 →(+8) 15 →(×3) 45 →(−17) 28

$(7+8)\times 3-17=28$

❷ 19 →(+3) 22 →(−4) 18 →(×3) 54

$(19+3-4)\times 3=54$

❸ 15 →(−7) 8 →(×8) 64 →(−21) 43

$(15-7)\times 8-21=43$

❹ 3 →(×8) 24 →(−4) 20 →(×2) 40

$(3\times 8-4)\times 2=40$

잘 공부했는지 알아봅시다

월 일

1 가장 먼저 계산해야 할 것에 ○표 하고 계산하시오.

❶ $43 + 4 \times 7 - 12 = 59$ (×에 ○표)

❷ $15 + 5 \times (11 - 6) = 40$ (−에 ○표)

덧셈, 뺄셈, 곱셈이 섞여 있는 식은 곱셈부터 먼저 계산합니다. ( )가 섞여 있는 식은 ( ) 안을 먼저 계산합니다.

2 식이 성립하도록 ○ 안에 +, −, ×를 써넣으시오.

$8 \times (3 + 2) - 7 = 33$

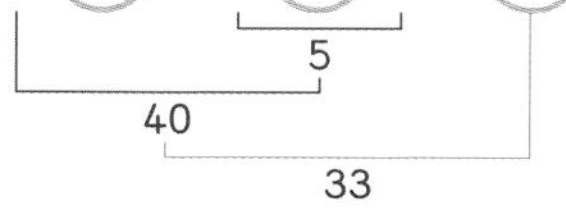

3 다음을 구하시오. 31

49에서 5와 7의 곱을 빼고 17을 더한 수

$49-5\times7+17=31$

4 계산 결과를 비교하여 ○ 안에 >, =, <를 알맞게 써넣으시오.

❶ $36-7\times(2+1)$ < $36-7\times2+1$

15　23

❷ $16+15-4\times3$ < $16+(15-4)\times3$

19　49

685 화살표 계산 순서

월 일

◐ 화살표에 표시된 번호 순으로 계산하여 □ 안에 알맞은 수를 써넣으시오.

(예) 51−48÷3=51−16=35 (순서: ÷ ❶, − ❷)

❶ 27÷9+15=3+15=18 (순서: ÷ ❶, + ❷)

❷ 15+35÷7=15+5=20 (순서: ÷ ❶, + ❷)

❸ (24+8)÷4=32÷4=8 (순서: + ❶, ÷ ❷)

❹ (36−12)÷8=24÷8=3 (순서: − ❶, ÷ ❷)

❺ 32−24÷12=32−2=30 (순서: ÷ ❶, − ❷)

❻ 27+36÷9=27+4=31 (순서: ÷ ❶, + ❷)

❼ (28+16)÷4=44÷4=11 (순서: + ❶, ÷ ❷)

❽ (45−27)÷3=18÷3=6 (순서: − ❶, ÷ ❷)

❾ 30+56÷2=30+28=58 (순서: ÷ ❶, + ❷)

덧셈, 뺄셈, 나눗셈이 섞여 있는 식은 나눗셈부터 먼저 계산합니다. ( )가 섞여 있는 식은 ( ) 안을 먼저 계산합니다.

◑ 화살표에 표시된 번호 순으로 계산하여 □ 안에 알맞은 수를 써넣으시오.

(예) 9+16÷2−5=9+8−5=17−5=12 (순서: ÷ ❶, + ❷, − ❸)

❶ 24÷(6−3)+15=24÷3+15=8+15=23 (순서: − ❶, ÷ ❷, + ❸)

❷ 36+(24−12)÷3=36+12÷3=36+4=40 (순서: − ❶, ÷ ❷, + ❸)

❸ 23+(38−14)÷6=23+24÷6=23+4=27 (순서: − ❶, ÷ ❷, + ❸)

❹ 75−9+56÷14=75−9+4=66+4=70 (순서: ÷ ❶, − ❷, + ❸)

❺ 3+48÷4−5=3+12−5=15−5=10 (순서: ÷ ❶, + ❷, − ❸)

686 괄호 넣기

◐ (　)를 여러 가지 방법으로 넣었습니다. □ 안에 알맞은 수를 써넣으시오.

$36 - 12 \div 4 + 2 = \boxed{35}$

$(36 - 12) \div 4 + 2 = \boxed{8}$

$36 - 12 \div (4 + 2) = \boxed{34}$

$36 - (12 \div 4 + 2) = \boxed{31}$

❶
$54 - 18 \div 6 + 3 = \boxed{54}$

$(54 - 18) \div 6 + 3 = \boxed{9}$

$54 - 18 \div (6 + 3) = \boxed{52}$

$54 - (18 \div 6 + 3) = \boxed{48}$

❷
$20 + 15 \div 5 - 2 = \boxed{21}$

$(20 + 15) \div 5 - 2 = \boxed{5}$

$20 + 15 \div (5 - 2) = \boxed{25}$

$20 + (15 \div 5 - 2) = \boxed{21}$

월　일

◐ 계산 결과에 맞게 (　)를 넣으시오.

$27 \div (6 - 3) + 7 = 16$

❶ $(24 + 16) \div 4 - 3 = 7$

❷ $(36 - 27) \div 3 + 15 = 18$

❸ $(30 + 56) \div 2 - 21 = 22$

❹ $14 - (20 \div 5 + 3) = 7$

❺ $75 - (27 + 29) \div 14 = 71$

❻ $80 \div (8 + 8) + 3 = 8$

❼ $26 - (36 \div 6 + 15) = 5$

❽ $(7 + 5) \div 2 + 13 = 19$

❾ $8 + (41 - 11) \div 15 = 10$

687 약속

◐ 약속에 맞게 계산한 것입니다. □ 안에 알맞은 수를 써넣으시오.

약속: ■⊙●=(■+●)÷(■−●)

12⊙6
=(12+[6])÷([12]−6)
=[18]÷([12]−6)
=[18]÷[6]=[3]

① 11⊙9
=(11+[9])÷([11]−9)
=[20]÷([11]−9)
=[20]÷[2]=[10]

약속: ■⊡●=■+■÷●−●

② 42⊡7
=[42]+[42]÷[7]−[7]
=[42]+[6]−[7]
=[48]−[7]=[41]

③ 36⊡4
=[36]+[36]÷[4]−[4]
=[36]+[9]−[4]
=[45]−[4]=[41]

월 일

◑ 약속에 맞게 식을 쓰고 계산하시오.

약속: ■△●=■+●−■÷●

18△6= 18+6−18÷6
= 21

① 30△5= 30+5−30÷5
= 29

약속: ■⊙●=(■+●)÷(■−●)

② 21⊙7= (21+7)÷(21−7)
= 2

③ 15⊙9= (15+9)÷(15−9)
= 4

약속: ■◇●=(■+■−●)÷●

④ 38◇4= (38+38−4)÷4
= 18

⑤ 42◇3= (42+42−3)÷3
= 27

688 숫자 카드 목표수

◐ 숫자 카드를 모두 한 번씩 사용하여 식을 완성하시오. 예시 답안 외에도 계산 결과가 맞으면 정답입니다.

(예) 카드: 2 4 7 8

$28 \div 4 + 7 = 14$

$7 + 8 \div (4 - 2) = 11$

❶ 카드: 1 2 4 6

$1 + 46 \div 2 = 24$

$(16 + 4) \div 2 = 10$

$(14 + 6) \div 2 = 10$

❷ 카드: 3 5 6 9

$(9 + 6) \div 3 + 5 = 10$

$5 - 36 \div 9 = 1$

❸ 카드: 1 5 7 8

$(57 - 1) \div 8 = 7$

$(1 + 5 + 8) \div 7 = 2$

❹ 카드: 2 3 4 9

$24 \div 3 + 9 = 17$

$32 \div 4 + 9 = 17$

$(3 + 9) \div 4 - 2 = 1$

월 일

◑ 조건에 따라 계산 결과가 안의 수가 되는 식을 만드시오. 여러 가지 방법이 있습니다.

예시 답안 외에도 계산 결과가 맞으면 정답입니다.

조건

- 숫자 카드를 모두 한 번씩 사용하고, 숫자 두 개를 붙여서 두 자리 수를 만들 수 있습니다.
- 연산 기호는 +, −, ÷를 사용하고, 여러 번 사용해도 됩니다.
- ( )를 사용해도 됩니다.

(예) 13 / 카드: 2 3 4 5

$24 \div 3 + 5 = 13$

❶ 7 / 카드: 1 2 4 9

$(29 - 1) \div 4 = 7$

$9 - 4 \div 2 \div 1 = 7$

❷ 11 / 카드: 3 5 6 8

$5 + 8 - 6 \div 3 = 11$

❸ 8 / 카드: 1 4 6 7

$(41 + 7) \div 6 = 8$

$14 \div 7 + 6 = 8$

잘 공부했는지 알아봅시다

월 일

1 계산 순서에 맞게 기호를 쓰고, 계산을 하시오.

❶ 36－12÷(4＋2) (㉠ ㉡ ㉢)

순서 : ㉢, ㉡, ㉠ 답: 34

❷ (20＋15)÷5－2 (㉠ ㉡ ㉢)

순서 : ㉠, ㉡, ㉢ 답: 5

덧셈, 뺄셈, 나눗셈이 섞여 있는 식은 나눗셈부터 먼저 계산합니다. ( )가 섞여 있는 식은 ( ) 안을 먼저 계산합니다.

2 다음과 같이 약속할 때 12♥4의 계산식과 답을 구하시오.

6♥3＝(6＋3)÷(6－3)

식 : (12＋4)÷(12－4)＝2 답 : 2

(27－15)÷□＋7＝12÷□＋7＝11
12÷□＝▲라고 할 때,
▲＋7＝11이므로, ▲＝4입니다.
12÷□＝4이므로, □＝3입니다.

9＋□＝▲라고 할 때,
15－▲÷5＝11이므로,
▲÷5＝4, ▲＝20입니다.
9＋□＝20이므로, □＝11입니다.

3 □ 안에 알맞은 수를 써넣으시오.

❶ (27－15)÷ 3 ＋7＝11

❷ 15－(9＋ 11)÷5＝11

689 계산 방법

◐ 계산 방법을 나타낸 것입니다. □ 안에 알맞은 수를 써넣으시오.

$18+3\times2-14\div7=$ 22

❶ $42-36\div3\times2+7=$ 25

❷ $(25-10)\div3+7\times2=$ 19

❸ $75\div5+3\times(5-2)=$ 24

❹ $(15+25)\div8\times3-10=$ 5

❺ $35\div7\times2-10+5=$ 5

❻ $7\times6+(15-3)\div4=$ 45

❼ $3\times(5+2)\div7+4=$ 7

덧셈, 뺄셈, 곱셈, 나눗셈이 섞여 있는 식은 곱셈과 나눗셈을 먼저 계산합니다. ( )가 섞여 있는 식은 ( ) 안을 먼저 계산합니다.

◐ 계산 순서를 나타내고 계산하시오.

$7\times6+64\div(8-4)=$ 58

❶ $34\div2\times3-12+7=$ 46

❷ $27\div(9-6)\times4+5=$ 41

❸ $5+4\times7-16\div4=$ 29

❹ $(7+14)\div3\times5-2=$ 33

❺ $8\times9+64\div8-3=$ 77

❻ $(35-17)\div6+4\times3=$ 15

❼ $16-(2+8)\times4\div5=$ 8

690 괄호 넣기

◐ (　　)를 여러 가지 방법으로 넣었습니다. 계산하여 □ 안에 알맞은 수를 써넣으시오.

$2 \times 15 - 5 + 10 \div 5 = \boxed{27}$

$2 \times (15 - 5) + 10 \div 5 = \boxed{22}$

$2 \times (15 - 5 + 10) \div 5 = \boxed{8}$

$2 \times 15 - (5 + 10 \div 5) = \boxed{23}$

❶

$40 - 3 \times 12 \div 4 + 2 = \boxed{33}$

$40 - 3 \times 12 \div (4 + 2) = \boxed{34}$

$40 - 3 \times (12 \div 4 + 2) = \boxed{25}$

$(40 - 3) \times 12 \div 4 + 2 = \boxed{113}$

❷

$15 - 3 + 2 \times 6 \div 3 = \boxed{16}$

$15 - (3 + 2) \times 6 \div 3 = \boxed{5}$

$(15 - 3 + 2) \times 6 \div 3 = \boxed{28}$

$15 - (3 + 2 \times 6) \div 3 = \boxed{10}$

월　일

◐ 계산 결과에 맞게 (　　)를 넣으시오.

$15 + 24 \div (3 + 5) - 2 = 16$

$15 + 24 \div (3 + 5 - 2) = 19$

$(15 + 24) \div 3 + 5 - 2 = 16$

❶

$15 - 2 + 6 \div (2 \times 3) = 14$

$15 - (2 + 6) \div 2 \times 3 = 3$

$15 - (2 + 6 \div 2) \times 3 = 0$

❷

$6 + 30 \div (3 \times 5) - 2 = 6$

$(6 + 30) \div 3 \times 5 - 2 = 58$

$(6 + 30 \div 3) \times 5 - 2 = 78$

❸

$36 \div (12 - 6 + 3 \times 4) = 2$

$36 \div (12 - 6 + 3) \times 4 = 16$

$36 \div (12 - 6) + 3 \times 4 = 18$

❹

$5 + 4 \times (11 - 8) \div 2 = 11$

$5 + (4 \times 11 - 8) \div 2 = 23$

$(5 + 4) \times 11 - 8 \div 2 = 95$

691 연산 기호 넣기

◐ 식이 성립하도록 ○ 안에 왼쪽 연산 기호를 한 번씩 써넣으시오.

기호	식
+ − ×	4 (+) 8 (−) 3 (×) 2 = 6
❶ + − ÷	12 (−) 9 (÷) 3 (+) 5 = 14
❷ + × ÷	15 (÷) 5 (×) 3 (+) 2 = 11
❸ − × ÷	24 (−) 12 (×) 3 (÷) 4 = 15
❹ + − ×	24 (−) 3 (×) 6 (+) 5 = 11
❺ + − ÷	18 (÷) 6 (+) 9 (−) 3 = 9
❻ − ÷ +	36 (−) 18 (÷) 2 (+) 1 = 28

수 사이에 연산 기호를 넣은 후 계산 순서에 맞게 계산해야 하는 것에 주의해야 합니다.

◑ 식이 성립하도록 ○ 안에 +, −, ×, ÷를 한 번씩 써넣으시오.

7 (+) 4 (×) 9 (÷) 3 (−) 5 = 14

❶ 1 (+) 6 (÷) 2 (×) 3 (−) 4 = 6

❷ (8 (+) 7) (×) 6 (÷) 5 (−) 4 = 14

❸ 7 (×) 6 (−) (5 (+) 4) (÷) 3 = 39

❹ 15 (÷) 5 (+) (7 (−) 3) (×) 4 = 19

❺ 20 (−) 12 (÷) 3 (×) 4 (+) 5 = 9

❻ 11 (−) (7 (×) 6 (+) 3) (÷) 9 = 6

692 일이삼사오

◐ 1에서 5까지의 숫자 카드를 한 번씩 사용하여 계산 결과에 맞는 혼합 계산식을 만드시오.

1 2 3 4 5

4 × 2 + 3 −(5 ÷ 1)= 6

❶ 3 × 2 +(5 − 1)÷ 4 = 7
2×3+(5−4)÷1=7

❷ 4 ÷ 1 +(5 − 3)× 2 = 8

❸ 3 × 4 − 5 ÷ 1 + 2 = 9
5×2−4÷1+3=9

❹ 2 × 4 + 5 ÷ 1 − 3 = 10

월 일

◑ 숫자 카드와 +, −, ×, ÷를 모두 한 번씩만 사용하여 계산 결과에 맞는 혼합 계산식을 만드시오. ( )를 사용해도 됩니다. 여러 가지 방법이 있습니다.

1 2 3 4 5

5−(2+1)÷3×4 =1

❶ 4÷2×3−5+1 =2

❷ 5−(1+3)÷4×2 =3
(1+3)×4÷2−5

❸ 4÷2×1+5−3 =4

❹ (5−4)÷1×3+2 =5
(5−2)×1÷3+4
(4+5)÷3×2−1

잘 공부했는지 알아봅시다

월 일

1 계산 순서를 나타내고 계산하시오.

15+(10−4)×3÷6= 18

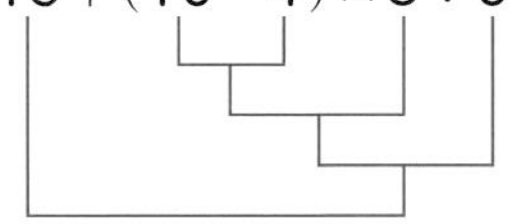

덧셈, 뺄셈, 곱셈, 나눗셈이 섞여 있는 식은 곱셈과 나눗셈을 먼저 계산합니다. ( )가 섞여 있는 식은 ( ) 안을 먼저 계산합니다.

2 ( )를 빼도 계산 결과가 같은 것을 고르시오. ㉢

㉠ 15+24÷(3+5)	㉡ 2×(15−5)+10
㉢ 3+(2×6)÷3	㉣ (40−3)×4÷2

㉠ 15+24÷(3+5)=18
15+24÷ 3+5 =28

㉡ 2×(15−5)+10=30
2× 15−5 +10=35

㉢ 3+(2×6)÷3=7
3+ 2×6 ÷3=7

㉣ (40−3)×4÷2=74
40−3 ×4÷2=34

3 식이 성립하도록 ○ 안에 +, −, ×, ÷를 한 번씩만 넣으시오.

❶ 5 (×) 4 (+) 3 (−) 2 (÷) 1 =21

❷ 5 (+) 4 (−) 3 (×) 2 (÷) 1 =3

693 약속

월 일

◐ 약속에 맞게 계산한 것입니다. □ 안에 알맞은 수를 써넣으시오.

약속: ■⊙●=■×●−■÷●

18⊙3
=18×[3]−[18]÷3
=[54]−[18]÷3
=[54]−[6]
=[48]

❶ 24⊙2
=24×[2]−[24]÷2
=[48]−[24]÷2
=[48]−[12]
=[36]

약속: ■⊡●=■×●÷(■−●)

❷ 10⊡5
=10×[5]÷(10−[5])
=10×[5]÷[5]
=[50]÷[5]
=[10]

❸ 12⊡6
=12×[6]÷(12−[6])
=12×[6]÷[6]
=[72]÷[6]
=[12]

◐ 약속에 맞게 식을 쓰고 계산하시오.

약속: ■△●=■×●+■÷●

9△3 = 9×3+9÷3
= 30

❶ 20△5= 20×5+20÷5
= 104

약속: ■▽●=■×●÷(■+●)

❷ 6▽3 = 6×3÷(6+3)
= 2

❸ 12▽4 = 12×4÷(12+4)
= 3

약속: ■◇●=■×(■−●)÷●

❹ 15◇9 = 15×(15−9)÷9
= 10

❺ 12◇8 = 12×(12−8)÷8
= 6

694 숫자 카드 목표수

월 일

◆ 숫자 카드를 모두 한 번씩 사용하여 식을 완성하시오.

(예) 카드: 4 5 2 3 — $2 \times 5 - (3 + 4) = 3$

❶ 카드: 1 2 5 4 — $4 + 5 - 1 \times 2 = 7$

❷ 카드: 2 3 6 4 — $2 \times 4 - 6 \div 3 = 6$

❸ 카드: 5 8 7 2 — $5 + 7 - 8 \div 2 = 8$

❹ 카드: 2 3 6 7 — $(6 \times 3) \div 2 - 7 = 2$

❺ 카드: 3 4 5 8 — $(8 \div 4) \times 3 + 5 = 11$

◆ 숫자 카드를 모두 한 번씩 사용하여 계산 결과가 ◠ 안의 수가 되는 혼합 계산식을 만드시오.(사칙 연산을 중복해서 사용해도 되고 (　)를 사용해도 됩니다. 여러 가지 방법이 있습니다.)

(예) 5 / 카드: 3 7 2 1 — $(3+7) \div 2 \times 1 = 5$

❶ 1 / 카드: 8 3 7 6 — $6-(8+7) \div 3 = 1$, $7+6 \div 3-8=1$

❷ 4 / 카드: 7 2 6 4 — $7 \times 2-(6+4)=4$, $6 \div (7-4)+2=4$

❸ 10 / 카드: 8 2 4 5 — $(8-4) \div 2 \times 5 = 10$, $8+2 \times (5-4)=10$

❹ 7 / 카드: 3 4 6 2 — $3+6-4 \div 2=7$

❺ 8 / 카드: 2 3 5 9 — $5 \times 3-9+2=8$, $9-5 \div (2+3)=8$

695 네모 안의 수

◐ □ 안에 알맞은 수에 ○표 하시오.

$58-(9\times\square+5)=8$

4 ⑤ 6

$58-(9\times\boxed{5}+5)=8$

1. $18-(12\div\square+2)=10$

② 3 4

$18-(12\div\boxed{2}+2)=10$

2. $24\div\square+8-1=13$

3 ④ 6 8

3. $7\times3-72\div\square=13$

4 6 8 ⑨

4. $16+\square\times3-13=18$

⑤ 6 7 8

5. $2+(15-\square)\times3=20$

6 7 8 ⑨

6. $9+\square-56\div8=10$

6 7 ⑧ 9

7. $9+16\div2-\square=15$

② 3 4 5

월 일

◆ □ 안에 알맞은 수를 써넣으시오.

$6\times6\div(\boxed{6}+3)=4$

1. $63-(9\times\boxed{4}+12)=15$
2. $\boxed{5}\times5-(18+3)=4$
3. $60-10\times\boxed{8}\div4=40$
4. $6\times\boxed{3}-16\div4=14$
5. $45\div(3+\boxed{2})\times3=27$
6. $24\div(6+\boxed{2})\times7=21$
7. $24-(3\times\boxed{6})+7=13$
8. $8\times3+64\div\boxed{8}=32$
9. $(15-\boxed{7})\times2+3=19$
10. $49-\boxed{25}\div5\times6=19$
11. $(21-\boxed{7})\times2\div7=4$
12. $(\boxed{67}-27)\div8\times12=60$
13. $25+\boxed{3}\times(15-9)=43$

696 하나의 식

◐ 밑줄 친 수와 연산 기호를 사용하여 하나의 식으로 나타내고 답을 구하시오.

연필 한 타에 연필이 12자루 들어 있습니다. 연필 4타를 8명에게 똑같이 나누어 주려고 합니다. 한 사람이 갖는 연필은 몇 자루입니까?

하나의 식 : $12\times4\div8=6$(자루) 답 : 6 자루

❶ 서울에서 부산까지의 거리는 416km입니다. 한 시간에 80km를 가는 자동차로 서울에서 출발하여 부산까지 가려고 합니다. 4시간을 갔다면 남은 거리는 몇 km입니까?

하나의 식 : $416-80\times4=96$(km) 답 : 96 km

❷ 승호네 반은 남학생이 17명, 여학생이 19명입니다. 이 중에서 안경을 낀 학생이 23명이면 안경을 끼지 않은 학생은 몇 명입니까?

하나의 식 : $17+19-23=13$(명) 답 : 13 명

❸ 한 송이에 200원 하는 장미를 24송이 사고 5000원을 냈습니다. 거스름돈으로 얼마를 받아야 합니까?

하나의 식 : $5000-200\times24=200$(원) 답 : 200 원

여러 개의 계산을 하나의 식으로 나타낼 때, 먼저 해야 하는 계산이 덧셈, 뺄셈인 경우 ( )로 묶어서 나타내야 합니다.

◑ 문제에 나오는 수를 모두 한 번씩 사용하여 하나의 식을 만들고 답을 구하시오.

사과가 40개 있습니다. 여학생 4명과 남학생 3명으로 이루어진 모둠에 한 사람당 5개씩 사과를 주었습니다. 남은 사과는 몇 개입니까?

하나의 식 : $40-(4+3)\times5=5$(개) 답 : 5 개

❶ 사탕이 6개씩 5묶음 있습니다. 친구 3명에게 4개씩 똑같이 나누어 주었다면, 남은 사탕은 몇 개입니까?

하나의 식 : $6\times5-3\times4=18$(개) 답 : 18 개

❷ 민성이는 7일 동안 2일을 빼고 매일 30번씩 줄넘기를 하였고 준승이는 7일 동안 쉬지 않고 매일 20번씩 줄넘기를 하였습니다. 민성이는 줄넘기를 얼마나 더 많이 하였습니까?

하나의 식 : $(7-2)\times30-7\times20=10$(번) 답 : 10 번

❸ 자동차 40대를 주차할 수 있는 주차장에 자동차가 8대씩 3줄로 주차되어 있습니다. 이 중 7대가 빠져나갔다면 주차장에는 모두 몇 대의 자동차를 더 주차할 수 있습니까?

하나의 식 : $40-(8\times3-7)=23$(대) 답 : 23 대

잘 공부했는지 알아봅시다

월 일

1 다음과 같이 약속할 때 18♥6의 식과 답을 구하시오.

15♥3 $=15\times3+15\div3$

식 : $18\times6+18\div6=111$ 답 : 111

2 숫자 카드를 모두 한 번씩 사용하여 계산 결과가 7이 되는 혼합 계산식을 만드시오. 여러 가지 방법이 있습니다. (사칙 연산을 중복해서 사용해도 되고 ( )를 사용해도 됩니다.) $6+(3+2)\div5=7$

3 2 5 6

$3\times5-(6+2)=7$
$3\times2+(6-5)=7$
$5\times3-(6+2)=7$

3 □ 안에 알맞은 수를 써넣으시오.

❶ $12-(8\times\boxed{3}+4)\div7=8$

$(8\times\square+4)=$▲라고 할 때,
$12-$▲$\div7=8$이므로,
▲$\div7=4$, ▲$=28$입니다.
$8\times\square+4=28$이므로, $8\times\square=24$,
$\square=3$입니다.

❷ $\boxed{7}\times2-(13+12)\div5=9$

$\square\times2-(13+12)\div5$
$=\square\times2-5=9$이므로,
$\square\times2=14$, $\square=7$입니다.

697 자동차 번호판

◐ 자동차 번호판의 네 숫자와 연산 기호를 사용하여 계산 결과가 10이 되는 여러 가지 혼합 계산식을 만든 것입니다. 주어진 방법과 다르게 10을 만드시오. 여러 가지 방법이 있습니다.

1 2 4 3

$2\times3+4\times1=10$

$4\times3-2\times1=10$

❶ **3 2 4 2**

$42-32=10$

$32\div4+2=10$ ($24\div3+2$)

❷ **2 5 2 5**

$25\div5\times2=10$

$(5+5)\times2\div2=10$ ($5+5+2-2$)

❸ **1 2 4 7**

$12\div4+7=10$

$7+4\div2+1=10$

❹ **1 2 5 2**

$5\times2\times(2-1)=10$

$5+2+2+1=10$

❺ **2 2 3 6**

$3+6+2\div2=10$

$2\times3+6-2=10$

◐ 자동차 번호판의 네 숫자와 연산 기호를 이용하여 10을 만드시오.(연산을 중복해서 사용해도 되고 ( )를 사용해도 됩니다. 여러 가지 방법이 있습니다.)

7 8 2 4

$24\div8+7=10$

$(7-2)\times(8\div4)=10$

❶ **6 3 3 5**

$6+5-(3\div3)=10$

$3\times3+6-5=10$ ($6\times3-(3+5)$)

❷ **2 9 0 8**

$2+8+9\times0=10$

$2\times9-8+0=10$

❸ **3 8 2 1**

$3+8-2+1=10$

$(8-3)\times2\times1=10$

❹ **6 4 2 8**

$2+48\div6=10$

$8\div4+2+6=10$

❺ **5 4 1 7**

$14\div7\times5=10$

$(4+1)\times(7-5)=10$ ($5\times(7-4-1)$)

698 전화번호

◆ 전화 번호 끝 자리 네 숫자와 연산 기호를 사용하여 여러 가지 혼합 계산식을 만든 것입니다. 계산 결과를 써넣으시오.

ㅇㅇㅇ-ㅇㅇㅇㅇ-2983

(9 − 8)×(3 − 2)= 1

② (9 − 8)+(3 − 2)= 2

④ 8 −(2 + 9 ÷ 3)= 3

⑥ (3 + 2)−(9 − 8)= 4

⑧ 2 + 3 ×(9 − 8)= 5

⑩ 3 × 8 − 2 × 9 = 6

⑫ 2 × 9 − 3 − 8 = 7

⑭ 8 ×(9 ÷ 3 − 2)= 8

⑯ (9 ÷ 3)+(8 − 2)= 9

ㅇㅇㅇ-ㅇㅇㅇㅇ-2736

① (2 + 7)÷(3 + 6)= 1

③ (7 − 6)+(3 − 2)= 2

⑤ 7 − 6 ÷ 3 − 2 = 3

⑦ 6 × 3 − 7 × 2 = 4

⑨ (2 + 3)÷(7 − 6)= 5

⑪ 2 + 7 + 3 − 6 = 6

⑬ 2 + 7 − 6 ÷ 3 = 7

⑮ 6 × 2 − 7 + 3 = 8

⑰ 3 × 6 −(2 + 7)= 9

월 일

◆ 전화 번호 끝 자리 네 숫자와 연산 기호를 사용하여 계산 결과가 1에서 9까지의 수가 되는 혼합 계산식을 만드시오.(연산을 중복해서 사용해도 되고 ( )를 사용해도 됩니다. 여러 가지 방법이 있습니다.)

ㅇㅇㅇ-ㅇㅇㅇㅇ-1224

4÷2−2+1 =1

② 4÷2×(2−1) =2 (2+2)÷4+1

④ 4÷2+(2−1) =3 (4×1+2)÷2

⑥ 2×1+4÷2 =4 4÷1+2−2

⑧ 12÷4+2 =5 4÷2+2+1

⑩ (1+2)×4÷2 =6 12÷4×2

⑫ 4+2+2−1 =7 1+2×4−2

⑭ 2+2÷1+4 =8 24÷(2+1)

⑯ 14÷2+2 =9 4+2×2+1

ㅇㅇㅇ-ㅇㅇㅇㅇ-5132

① 2×3−5×1 =1 (3+2)÷5×1

③ 21÷3−5 =2 3×2−5+1

⑤ (5×2−1)÷3 =3 5×3−12

⑦ (2+1)×3−5 =4 5+2−(3×1)

⑨ (2+1)÷3×5 =5 5×1÷(3−2)

⑪ 5+(2+1)÷3 =6 5×2−(1+3)

⑬ 15÷3+2 =7 5×2−3×1

⑮ (5+3)÷(2−1) =8 23−15

⑰ 5+12÷3 =9 3×1×(5−2)

699 포포즈

◆ 4개의 3과 연산 기호를 사용하여 여러 가지 방법으로 계산하였습니다. □ 안에 알맞은 수를 써넣으시오.

$(3 \div 3) \times (3 \div 3) = 1$

① $(3 \times 3) \div (3 \times 3) = 1$

② $(3 \div 3) + (3 \div 3) = 2$

③ $(3 \times 3 - 3) \div 3 = 2$

④ $(3 + 3 + 3) \div 3 = 3$

⑤ $3 \times (3 - 3) + 3 = 3$

⑥ $(3 \times 3 + 3) \div 3 = 4$

⑦ $(3 + 3) - 3 \div 3 = 5$

⑧ $(3 + 3) \div 3 + 3 = 5$

⑨ $(3 + 3) \times (3 \div 3) = 6$

⑩ $(3 + 3) + (3 - 3) = 6$

⑪ $(3 + 3) + (3 \div 3) = 7$

⑫ $(3 \times 3) - (3 \div 3) = 8$

⑬ $3 \times 3 + 3 - 3 = 9$

월 일

◆ 4개의 4와 연산 기호를 사용하여 1에서 9까지의 수를 만들려고 합니다. ○ 안에 알맞은 연산을 써넣어 다음 식을 완성하시오.(연산을 중복해서 사용해도 되고 ( )를 사용해도 됩니다. 여러 가지 방법이 있습니다.)

$4 \div 4 \times 4 \div 4 = 1$

① $4 \div 4 + 4 \div 4 = 2$

② $(4 \times 4 - 4) \div 4 = 3$

③ $(4 - 4) \times 4 + 4 = 4$

④ $(4 \times 4 + 4) \div 4 = 5$

⑤ $4 + (4 + 4) \div 4 = 6$

⑥ $4 - 4 \div 4 + 4 = 7$

⑦ $4 \times 4 - 4 - 4 = 8$

⑧ $4 \div 4 + 4 + 4 = 9$

700 포나인즈

◆ 4개의 6과 연산 기호를 이용하여 여러 가지 방법으로 혼합 계산식을 만든 것입니다. 계산 결과를 구하시오.

$(6+6-6)\div 6 = \boxed{1}$

❶ $66 \div 66 = \boxed{1}$

❷ $(6\div 6)+(6\div 6) = \boxed{2}$

❸ $(6+6+6)\div 6 = \boxed{3}$

❹ $6-(6+6)\div 6 = \boxed{4}$

❺ $(6\times 6-6)\div 6 = \boxed{5}$

❻ $66\div 6-6 = \boxed{5}$

❼ $6+(6-6)\times 6 = \boxed{6}$

❽ $(6\times 6+6)\div 6 = \boxed{7}$

❾ $(6+6)\div 6+6 = \boxed{8}$

❿ $(66-6)\div 6 = \boxed{10}$

⓫ $6+6-6\div 6 = \boxed{11}$

⓬ $(6\times 6)\div 6+6 = \boxed{12}$

⓭ $6+6\times(6\div 6) = \boxed{12}$

월 일

◆ 4개의 9와 연산 기호를 사용하여 계산 결과에 맞는 여러 가지 혼합 계산식을 만드시오.(연산을 중복해서 사용해도 되고 ( )를 사용해도 됩니다. 여러 가지 방법이 있습니다.)

$(9\div 9)\times(9\div 9) = 1$

❶ $(9\div 9)+(9\div 9) = 2$

❷ $(9+9+9)\div 9 = 3$

❸ $9-(9+9)\div 9 = 7$

❹ $(9\times 9-9)\div 9 = 8$

❺ $9+(9-9)\times 9 = 9$

❻ $(9\times 9+9)\div 9 = 10$

❼ $(9+9)\div 9+9 = 11$

❽ $(99+9)\div 9 = 12$

잘 공부했는지 알아봅시다

월 일

1 보기와 같이 같은 숫자를 **4**번 사용하여 계산 결과가 **3**이 되는 혼합 계산식을 만드시오. 여러 가지 방법이 있습니다.

$(4+4+4)\div4=3$

❶ $(7+7+7)\div7=3$ ❷ $(9+9+9)\div9=3$

2 수 사이에 알맞은 연산을 써넣어 계산 결과가 **1**에서 **7**까지의 수가 되는 혼합 계산식을 완성하시오.(연산을 중복해서 사용해도 되고 ( )를 사용해도 됩니다. 여러 가지 방법이 있습니다.)

$3\div(2+1)$	$=1$	$3-(2-1)$	$=2$
$3\times(2-1)$	$=3$	$3+2-1$	$=4$
$3+2\times1$	$=5$	$3\times2\times1$	$=6$
$3\times2+1$	$=7$		

3 ○ 안에 알맞은 연산을 써넣어 혼합 계산식을 완성하시오.(연산을 중복해서 사용해도 되고 ( )를 사용해도 됩니다. 여러 가지 방법이 있습니다.)

$(3\times3\times3+3)\div3=10$

$3+3+3+3\div3=10$

701 계산 순서

월 일

◐ □ 안에 알맞은 수를 써넣으시오.

$\{2+(12-3)\times 4\}\div 2=$ 19

9, 36, 38, 19

❶ $3\times\{(36-12)\div 4+7\}=$ 39

24, 6, 13, 39

❷ $36\div\{2\times(9-3)\}+11=$ 14

6, 12, 3, 14

식에 쓰이는 괄호에는 소괄호 ( )와 중괄호 { }가 있습니다. ( )와 { }가 있는 식은 ( ) 안을 먼저 계산한 후 { } 안을 계산합니다.

◑ 계산 순서에 맞게 화살표에 번호를 쓰고 계산을 하시오.

$60\div\{5+(7-2)\times 5\}+8=$ 10

④ ③ ① ② ⑤

❶ $7\times 5-\{3+(15-5)\div 2\}=$ 27

④ ⑤ ③ ① ②

❷ $(21-5)\div 8\times\{13-(2+5)+3\}=$ 18

④ ⑤ ⑥ ② ① ③

❸ $6+45\div\{3+(8-5)\times 2\}-2=$ 9

⑤ ④ ③ ① ② ⑥

❹ $\{7-(8-2)\}\times 4\div(7-5)+6=$ 8

② ① ④ ⑤ ③ ⑥

702 대소 비교

● 계산을 하고 결과를 비교하여 ○ 안에 >, =, <를 알맞게 써넣으시오.

$30-\{8\times(4-1)+3\}$ (<) $3+\{(15-8)\div7\times3\}$

3, 24, 27, 3 / 7, 1, 3, 6

❶ $32-\{8\times(6-4)+2\}$ (=) $14+\{(41-5)\div4-9\}$

2, 16, 18, 14 / 36, 9, 0, 14

❷ $15+\{(5-3)\times3\}+4$ (>) $4\times\{(25-19)\div3\}+10$

2, 6, 21, 25 / 6, 2, 8, 18

❸ $95-\{32+(42-7)\div5\}$ (>) $41-36\div\{(7+8)-(6+6)\}$

35, 7, 39, 56 / 15, 12, 3, 12, 29

● 계산 순서를 나타내고 결과를 비교하여 ○ 안에 >, =, <를 알맞게 써넣으시오.

$23-\{7\times(4+2)\div3\}$ (<) $\{(11-3)\div4+2\}\times3$

6, 42, 14, 9 / 8, 2, 4, 12

❶ $\{15-(14-5)\}\times2$ (>) $36\div\{12-(9-3)\}$

9, 6, 12 / 6, 6, 6

❷ $20-\{8\times(4-2)\}+3$ (<) $9+\{(22-15)\div7\times5\}$

2, 16, 4, 7 / 7, 1, 5, 14

❸ $35-\{8\times(5-3)\times2\}$ (<) $\{10-16\div(6-2)\}\times3$

2, 16, 32, 3 / 4, 4, 6, 18

703 괄호 넣기

월 일

◆ 소괄호 ( )와 중괄호 { }를 여러 가지 방법으로 넣었습니다. 계산하여 □ 안에 알맞은 수를 써넣으시오.

$60 - 36 \div 3 \times 2 + 1 = \boxed{37}$

$60 - 36 \div 3 \times (2 + 1) = \boxed{24}$

$60 - 36 \div \{3 \times (2 + 1)\} = \boxed{56}$

① $3 \times 8 + 4 \div 2 - 5 = \boxed{21}$

$3 \times (8 + 4) \div 2 - 5 = \boxed{13}$

$3 \times \{(8 + 4) \div 2 - 5\} = \boxed{3}$

② $9 + 21 - 14 \div 7 \times 3 = \boxed{24}$

$9 + (21 - 14) \div 7 \times 3 = \boxed{12}$

$\{9 + (21 - 14) \div 7\} \times 3 = \boxed{30}$

③ $90 - 30 \times 2 - 22 + 26 \div 2 = \boxed{21}$

$90 - 30 \times 2 - (22 + 26) \div 2 = \boxed{6}$

$90 - \{30 \times 2 - (22 + 26) \div 2\} = \boxed{54}$

◆ 계산 결과에 맞게 ( )를 한 번 넣으시오.

$29 - (5 + 2) \times 4 = 1$

① $15 + (18 - 8) \div 2 = 20$

② $15 - (2 + 7) = 6$

③ $3 \times 7 - (2 + 3) = 16$

④ $(4 + 8) \div 2 = 6$

⑤ $(3 + 2) \times 8 - 5 = 35$

◆ 계산 결과에 맞게 { }를 한 번 넣으시오.

$\{1 + (14 - 5) \times 3\} \div 7 = 4$

⑥ $25 - \{(2 + 3) \times 4 - 2\} = 7$

⑦ $8 \times \{24 \div (3 + 1) - 2\} = 32$

⑧ $2 \times \{15 - (5 - 3)\} + 4 = 30$

704 가장 크게 가장 작게

월 일

◐ 계산을 하고 계산 결과가 가장 큰 식에 ○표 하시오.

$64 \div (8 \div 4) \div 2 = 16$

$64 \div 8 \div (4 \div 2) = 4$

(○) $64 \div (8 \div 4 \div 2) = 64$

❶
$32 - (16 - 8) - 4 = 20$

$32 - 16 - (8 - 4) = 12$

(○) $32 - (16 - 8 - 4) = 28$

❷
$6 + 3 \times 4 - 3 = 15$

(○) $(6 + 3) \times 4 - 3 = 33$

$6 + 3 \times (4 - 3) = 9$

❸
$18 + 12 - 5 \times 2 = 20$

$18 + (12 - 5) \times 2 = 32$

(○) $(18 + 12 - 5) \times 2 = 50$

◑ 계산 결과가 가장 큰 값이 나오도록 (　)를 한 번 넣고 계산하시오.

$27 + (9 \div 3) + 6 = 36$

❶ $35 - (12 - 6 - 4) = 33$

❷ $34 \div (4 \div 2) + 2 = 19$

❸ $(24 + 12 - 3) \times 2 = 66$

◑ 계산 결과가 가장 작은 값이 나오도록 (　)를 한 번 넣고 계산하시오.

$32 \div (8 \times 2) - 1 = 1$

❹ $7 + 5 \times (3 - 2) = 12$

❺ $7 \times (7 + 3 - 5) = 35$

❻ $35 - (13 + 7) - 4 = 11$

잘 공부했는지 알아봅시다

월 일

1 계산 순서에 맞게 기호를 쓰시오. ㄷ, ㄹ, ㄴ, ㄱ

$80 \div \{25 - (12+3) \times 2\}$

↑ㄱ ↑ㄴ ↑ㄷ ↑ㄹ

( )와 { }가 있는 식은 ( ) 안을 먼저 계산한 후 { } 안을 계산합니다.

2 □ 안에 알맞은 수를 써넣으시오. 42

$72 \div \{29 + (\square + 7) \div 7\} = 2$

ㄱ $30-(15-12)=27$
$30-15-12=3$
ㄷ $24+(15+6)-4=41$
$24+15+6-4=41$
ㅁ $5\times(7\times3)+2=107$
$5\times7\times3+2=107$

ㄴ $108\div(18\div6)=36$
$108\div18\div6=1$
ㄹ $6\times(15-4)-7=59$
$6\times15-4-7=79$

3 다음 중 ( )를 빼도 계산 결과가 같은 것을 모두 고르시오. ㄷ, ㅁ

ㄱ $30-(15-12)$
ㄴ $108\div(18\div6)$
ㄷ $24+(15+6)-4$
ㄹ $6\times(15-4)-7$
ㅁ $5\times(7\times3)+2$